JN289536

これで安心!
保育指導案の書き方

◗ 実習生・初任者からベテランまで ◖

開 仁志 編著

北大路書房

はじめに

　「先生,指導案が書けません」。実習生のこんな叫びを何回も聞いてきました。私は教育学部附属幼稚園で実習生を指導したあと,現在大学で実習を担当しています。なぜ書けないのかと考えたときに,以下のような悩みがあることがわかってきました。本書はそんな悩みを解決するためのいわばガイドブックです。この本が,少しでも実習生や保育現場の皆様のお役に立てたら幸いです。

実習生　？　　　　　　　　　　　　　　　　　　？　保育現場

この本の特徴　こんな悩み,解決!

①参考にするものがあまりないなあ……。
市販の教科書,保育雑誌には,月案,週案は載っているけれど,日案や部分担任指導案はあまり載っていません。

②さまざまな書き方,どれが見本?
保育現場によって書き方が違うので,学校の指導や先輩の指導案を参考にできず,混乱します。

③どう指導すればいいの?
学校でどんな指導を受けたかもわかりません。うちの園の書き方でよいのでしょうか?

①指導案の書き方を徹底サポート
だれでも基本的な指導案の書き方をマスターできるように,イラストや図を多く使って,楽しく具体的でわかりやすい本にしています。

②指導案を豊富に掲載
実際に現場で使っている指導案の例をたくさん載せて,自分の配属された園のやり方に近い指導案を参考にできるようにしています。

③基本から応用までレベルアップ!
実習生や初任者だけではなく,中堅や主任クラスの保育者も実習生指導や公開保育時に使うことができるように,基本から応用までポイントを示しました。

i

目次

はじめに　i

第1章　指導案の意味 ……………………………………………… 1

1 なぜ，指導案を書くのか?　2
2 指導案作成の流れ　4
3 指導案の型　6
【コラム1】指導案を書く前に（実習期間中）　10

第2章　指導案作成のポイント ……………………………… 11

1 指導案における欄ごとの内容　12
2 保育の計画の関係　14
3 （前日までの）子どもの姿　16
4 ねらい　18
5 内容　20
6 環境の構成　24
7 （予想される）子どもの「活動」「動き」「姿」　26
8 保育者の援助　28
9 反省　30
10 評価　31
【コラム2】指導案作成の流れの違い　32

第3章　3歳未満児クラスの指導案 …………………………… 33

1 0歳児クラスの指導案　34
2 1歳児クラスの指導案　40
3 2歳児クラスの指導案　46
【コラム3】3歳未満児に適した遊び　52

第4章　3歳以上児クラスの指導案 …………………………… 53

1 3歳児クラスの指導案　54

2　4歳児クラスの指導案　　60
  3　5歳児クラスの指導案　　65
  【コラム4】3歳以上児に適した遊び　　71

第5章　異年齢クラスの指導案　　73

  1　異年齢保育の指導案について　　74
  2　指導案と保育実践のつながり　　80
  【コラム5】異年齢クラスにおける育ち　　84

第6章　行事における指導案　　85

  1　運動会の指導案　　86
  2　生活発表会の指導案　　92
  【コラム6】保育者どうしの連携について　　96

第7章　特別な配慮が必要な子どもの個別の指導計画と指導案　　97

  1　個別の指導目標の考え方　　98
  2　個別の指導計画の作成　　101
  3　特別な配慮の必要な子どものいるクラスの指導案と
　　個に応じた支援の実際　　106
  【コラム7】障害の理解の方法　　108

第8章　内容別指導案　　109

  1　音楽的活動の指導案　　110
  2　造形的活動の指導案　　113
  3　身体的活動の指導案　　117
  4　長時間保育の指導案　　119
  5　子育て支援の指導案　　122
  6　保幼小連携の指導案　　126
  【コラム8】ねらいが先か，活動が先か　　130

第9章 指導案よくあるまちがい事例 ………………………… 131

1 子どもの姿　132
2 ねらいと内容　133
3 子どもの活動　134
4 環境の構成　135
5 保育者の援助　136
6 反省・評価　137
【コラム9】指導案作成後のチェックポイント　138

第10章 指導案に使う用語解説資料 ………………………… 139

1 子ども・大人の呼び方に関係するもの　140
2 ねらい・内容に関係するもの　140
3 視覚に関係するもの　141
4 言葉のやりとりに関係するもの　141
5 保育者の行動に関係するもの　144
6 子ども理解に関係するもの　145
7 衛生・安全・養護に関係するもの　147
8 保育者の心がけに関係するもの　148
9 時間・状況に関係するもの　150
10 対象に関係するもの　151
【コラム10】幼稚園教育要領，保育所保育指針，幼保連携型認定
　　　　　こども園教育・保育要領の改訂（定）のポイント　152

引用（参考）文献　153
おわりに　155

第1章 指導案の意味

ここでは,「なぜ,指導案を書くか?」という意味を明らかにし,園や保育者の「子ども観」,「保育観」によって指導案の形式も変わってくるという事実を明らかにしていきます。

ポイント1
指導案を書く意味がわかると,書くことが苦しみから楽しみになります。

ポイント2
指導案を書くことにより,保育について共通理解が深まっていきます。

ポイント3
園や保育者が何を大切にしているかによって,指導案の形式が変わってきます。

ポイント4
「どこかでみたような」指導案ではなく,世界でたった一つのあなただけの指導案を作成することが大切です。

1 なぜ，指導案を書くのか？

保育現場は忙しいので，保育の流れだけ打ち合わせてメモする（略案）にとどまることが多く，実際は指導案を書かずに，その日行なう保育を頭のなかに思い描いて，保育を行なうことが多いと思います。きちんとした指導案を書くことが求められるのは，実習生のときや公開保育を担当するときくらいが現状なのではないでしょうか。では，なぜわざわざ時間を割いて指導案を書くのでしょうか？　それは指導案を書くことによって，以下のようなメリットがあるからです。

①指導案を書くメリット

○自分の保育のねらいがはっきりする

　指導案を書くことによって，漠然としていた保育のねらいがはっきりとします。自分はどのように子どもをとらえて，なぜこのような環境構成や援助を行なうのかが明確になることで，見通しをもって保育を進めることができます。

○他の人に見てもらうことができる

　自分の頭のなかだけで考えていると，どうしてもひとりよがりになりがちです。見てもらうことでコメントをもらい，自分にはなかった視点を得て，保育に活かすことができます。また，わかりにくいところを指摘してもらい，書き方を見直すことで，他人に自分の思いを伝える訓練になります。

○保育の記録として積み重ね，次の保育に活かすことができる

　書くことは，自分の考えを整理し，あいまいな部分を客観的に見つめる機会になります。保育終了後に実際の流れや反省を記録し，自分をふり返ることで，よかった点や改善点が明らかになり，次の保育に活かすことができるようになるのです。

②デメリットとその解決策

○指導案にとらわれ，計画どおり進めようとしがちになる

　あくまでも案ですから，計画どおりいかなくてもよいのです。そうはいって

も，子どものさまざまな姿をあらかじめ予想して計画し，準備をするからこそ柔軟な対応につながるのです。

○書くのに時間がかかり，教材研究や環境構成などの準備時間がなくなる

　このような人のために，この本をつくったといっても過言ではありません。ポイントをしっかりおさえて書くことさえわかっていれば，指導案を書くことが，苦しみから保育を生み出すパワーに変身するはずですよ。

③実習生・初任者にとって指導案とは……〈保育の段取りをつかむ！〉

　実習生・初任者は，保育経験が少ないのですから，保育の流れや段取りをつかんで，保育技術を高めていくことがたいせつです。子どもを見るポイント，遊びの選び方，進め方のメリハリ（導入，展開，まとめ），時間・場所設定，衛生安全面，準備などの未熟なところ，不足しているところを指摘してもらい，指導案を書き直していくことで，確実に保育力がアップするはずです。

④中堅・ベテラン保育者にとって指導案とは……〈保育観を伝える！〉

　ベテランになればなるほど，保育のポイントが頭と体にしみついていて，指導案を書かなくても，子どもに寄り添った保育を展開できます。では，わざわざ時間をかけて指導案を書く意味はあるのでしょうか？

　その理由は，指導案を書くことによって，見えない保育が見える保育になるからです。たとえば，子どものけんかがあった場合，見守る人もいれば，あぶないから止めるという人もいるでしょう。その対応はさまざまだと思いますが，そのときに，保育者が子どもの姿をどうとらえ，何をねらい，どのような援助をするかという保育観が，指導案に表われてくるのです。園によって，またクラスによってもたいせつにしているものは違うはずです。保育において何をたいせつにしているかという保育観が，指導案からにじみ出てくるものなのです。

　そういう意味では，だれでも書けるあたりさわりのない指導案では，意味がありません。この園で，このクラスで，自分だからこそ書ける指導案を書くことが，中堅・ベテラン保育者に求められているといってもよいでしょう。

第1章　指導案の意味

2 指導案作成の流れ

①指導原案

　指導案の最初の一歩です。まず，その日（部分担任だったらその時間）をどう過ごすかということを，おおまかに考えることが目的です。

　実習生なら担任の先生，初任者なら主任の先生，複数担任や複数クラスの場合は他の保育者と打合せをして，計画を練ります。

　相談や話し合いをするなかで，最近の子どものようすや，その日たいせつにしたいねらいなどを共通理解していきます。このプロセスがとても重要で，指導案全体の雰囲気，ひいては当日の保育にも関わってきます。

　さらに，一日の流れ（片付けをいつにするかなど），中心となる活動（他のクラスとの兼ね合いなど），場所の使い方（遊戯室や園庭など共通の場所はとくに必要）を事前に話し合っておかないと，指導案を書いたあとに，使いたい場所が使えず，指導案を書き直す事態も起こりかねません。

②指導細案

　実際の保育場面を予想して，子どもの姿とそれに対する保育者の援助・環境の構成を，すべて，具体的に細かく書きます。

　とくに，実習生や初任者は保育経験が少ないので，子どもがどのように考え行動するのかといった予測や，保育者がするべきかかわりや準備などが抜け落ちがちになります。思いつくことをすべて書き出してみることによって，不足しているところがはっきりしてきます。一度書き出しておくと，少しでも意識がめばえてくる効果があります。

　指導細案はだれかに見せるものではなく，保育者の覚え書きです。したがって保育者の段取りや手順がすべて書いてあります。実習生が初めて書く指導案は，この指導細案に近い形が求められることが多いでしょう。現場の保育者が

指導するときも,「この視点（たとえば安全面の配慮など）が抜けているわよ」「このとき,あなたはどうするの,具体的に書きなさい」「いつ準備するの？数は？」などといった保育者の具体的な行動への指摘が中心になってきます。

③指導案

　最後に,指導案を書きます。指導案は,人に見せることが目的になるので,指導細案のなかから,言葉を厳選して書いていきます。

　基本的には,当日の指導のなかでとくに重要となるポイントを中心に書きます。たとえば,毎日行なっている保育活動で,指導案にとくに書かなくてもよいこと,あたりまえのことは書きません（たとえば,保育者の援助で,「登園したときに視診をする」など）。このようないつでも書ける内容ではなく,その日だからこそ書くべきこと（「連休明けなので,どこに行ってきたか一人ひとりに聞き,その内容を今日の遊びのイメージにつなげる」など）を書きます。ここで,勘違いしないでほしいのは,指導案に書いていないから視診をしないわけではなく,書いていなくても当然視診をするということです。このように,指導案は,その日保育者が行なう数限りない保育のすべてを書くのではなく（もちろん書けるはずがありません）,とくにその日保育者がたいせつにしたい部分を中心に書くものなのです。

　また,指導案とデイリープログラム（日課表）は,違います。デイリープログラムは,発達年齢に合わせた一日の流れであり,とても重要ですが,その流れをふまえたうえで,その日の子どもの姿,保育のねらいに合わせた指導案を作成することになるのです。

　指導案の目的は,保育者がどのように子どもをとらえ,何をねらって,具体的には何をするのかが読んだだけで伝わることです。したがって指導細案のように,保育者のする段取りや手順が書いてあるだけではなく,保育者のかかわりの理由が書いてあることが重要になります。理由の書いてない援助や環境の構成は,読んだ人に保育者の思いが何も伝わりません。推測するしかないのです。これでは,指導案を書いて他の人に見てもらう意味がありません。

　ベテランの保育者になれば,自分がいちばんたいせつにしたい保育の思いが伝わるように指導案の書き方をくふうすることができるでしょう。

3 指導案の型

何をたいせつにするかで，指導案の型が変わります。ここでは，おもな型を4つあげて説明します。（徳安敦，1991と磯部裕子，2003の分類を元に作成）

①流れ重視型

この指導案は，時間の流れをたいせつにした指導案です。最もオーソドックスなものといえるでしょう。設定保育で保育者が活動を進行していく場面で使いやすい形です。小学校以降でも，このような指導案の形が多いと思います。基本的には「導入→展開→まとめ」の順番で進みます。

表1-1

○月○日（ ）　　○組　男○名　女○名　　合計○名　　保育者　山田　花子／鈴木　太郎

子どもの姿		ねらい	内容	
時間	環境の構成	子どもの活動	保育者の援助	
10:00	・椅子を並べる位置がわかりやすいように，床にビニールテープで目印をつけておく。 （図：保育者／子ども／ビニールテープ）	○椅子を持って，保育者の前に集まる。 ○フルーツバスケットの説明を聞く。 ・保育者の見本を見る。 ・フルーツに分かれる。	・全体に対して椅子を持って丸く並んで座るように伝え，座る位置が分からない子がいたら，位置を伝える。 （図：りんご・ぶどう・バナナ）	
	・前日のうちに，フルーツのお面を人数分用意しておく。	○フルーツのお面をかぶる。 ○フルーツバスケットをする。 ・フルーツの名前を言う。 ○おもしろかったことを話す。	・恥ずかしくて，フルーツの名前を言えない子どもがいたら，そばに行き，安心感をもつことができるようにする。 ・おもしろかったことを聞き，明日の活動に意欲をつなげる。	
10:30				

②環境重視型

　この指導案は，環境をたいせつにした指導案です。自由な遊びの時間に，子どもたちが自分で遊びや場所を選び，自分のペースで活動を進めていく場面で使いやすい形です。同じ時間にさまざまな場所で活動が予想されるため，環境図を有効に使って，遊びごとの活動や保育者の援助を位置付けていきます。

表1－2

○月○日（　）　○組　男○名　女○名　合計○名　　保育者　山田　花子／鈴木　太郎

子どもの姿		ねらい		内容	
一日の流れ	環境の構成・子どもの活動・保育者の援助					

一日の流れ	環境の構成・子どもの活動・保育者の援助
9:00 登園する。 9:30 自由に遊ぶ。	①砂場で遊ぶ。・トンネルを掘る。・山をつくる。・料理をつくる。／・草花をすりつぶしてジュースをつくれることを知らせ,遊びの発展をうながす。／②色紙で遊ぶ。・ツルを折る。・チューリップを折る。／・自分で折り方を見ながらつくれるように，見本を置いておく。
	園庭／保育室／②色紙をする場所（折り方の見本／机）／①砂場／遊戯室／④ごっこ遊びの場所／ステージ／入り口／グッズ・衣装／③虫がいる場所
10:30 片付ける。 10:50 集まる。歌を歌う。 11:30 給食を食べる。13:30 自由に遊ぶ。14:30 降園する。	③虫取りをする。・石をひっくり返したり,土を掘ったりして探す。・捕まえた虫を図鑑で調べる。／・捕まえた虫を調べることができるように,持ち運びのしやすい携帯型の図鑑を用意する。／④ごっこ遊びをする。・ヒーローごっこをする。・ままごとをする。／・役になりきって遊ぶことができるように,グッズや衣装を事前に用意しておく。

①②③④の番号は，順番ではなく，遊びの場所を示す。

第1章　指導案の意味

③展開重視型

　この指導案は，遊びや生活の展開をたいせつにした指導案です。流れ図を有効に使って，子どもの姿や状況が変わったときにどのようなタイミングで保育者が援助するのかを表わすのに適しています。

表1-3

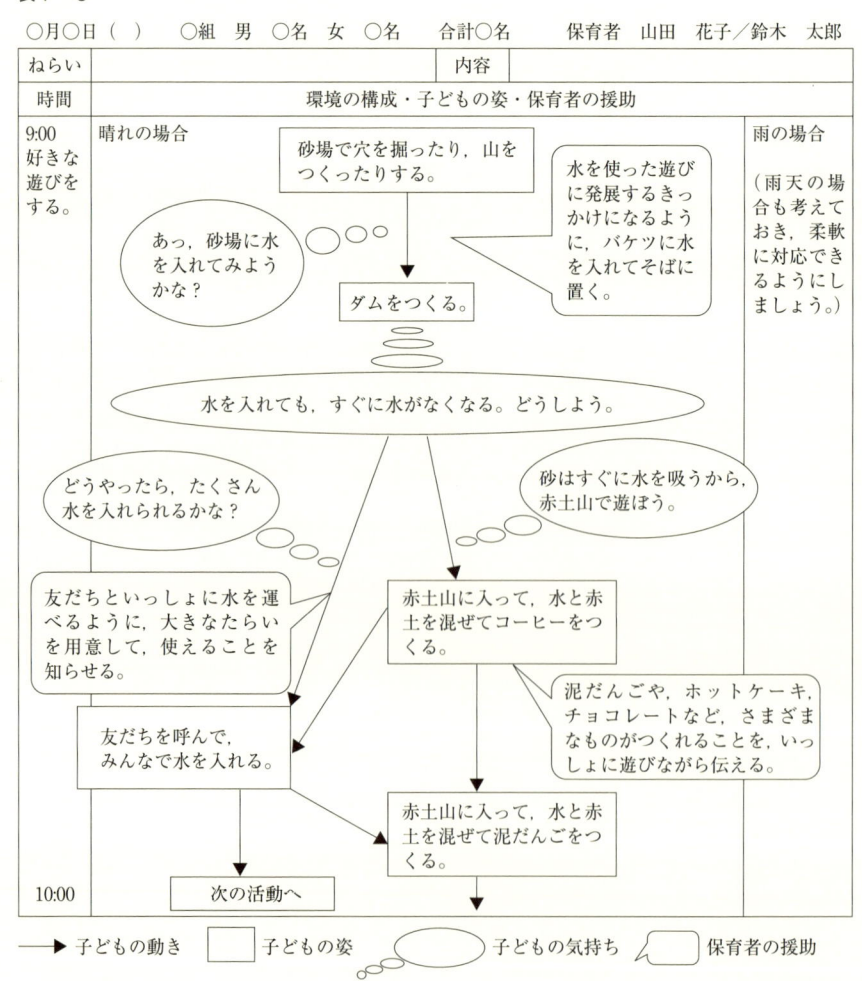

○月○日（　）　　○組　男　○名　女　○名　　合計○名　　保育者　山田　花子／鈴木　太郎

ねらい	内容	
時間	環境の構成・子どもの姿・保育者の援助	
9:00 好きな 遊びを する。	晴れの場合 ［砂場で穴を掘ったり，山をつくったりする。］ （あっ，砂場に水を入れてみようかな？） 〔水を使った遊びに発展するきっかけになるように，バケツに水を入れてそばに置く。〕 ［ダムをつくる。］ （水を入れても，すぐに水がなくなる。どうしよう。） （どうやったら，たくさん水を入れられるかな？）　　（砂はすぐに水を吸うから，赤土山で遊ぼう。） 〔友だちといっしょに水を運べるように，大きなたらいを用意して，使えることを知らせる。〕 ［赤土山に入って，水と赤土を混ぜてコーヒーをつくる。］ ［友だちを呼んで，みんなで水を入れる。］ 〔泥だんごや，ホットケーキ，チョコレートなど，さまざまなものがつくれることを，いっしょに遊びながら伝える。〕 ［赤土山に入って，水と赤土を混ぜて泥だんごをつくる。］	雨の場合 （雨天の場合も考えておき，柔軟に対応できるようにしましょう。）
10:00	［次の活動へ］	

──▶ 子どもの動き　　□ 子どもの姿　　◯◯◯ 子どもの気持ち　　▭ 保育者の援助

④個別援助重視型

　この指導案は，個別の援助をたいせつにした指導案です。子ども一人ひとりの姿をふまえて，具体的な援助を書いていきます。年度当初の園生活に慣れない時期や，3歳未満児，気になる子ども，障害のある子どもなどについて保育者の援助を書いていくときに適しています。

表1－4

○月○日（　）　　○組　男○名　女○名　　合計○名　　　　保育者　山田　花子／鈴木　太郎			
ねらい		内容	
一日の流れ	A児	B児	C児
9:00 登園する。	●登園時には泣いてしまうことが多い。母親と別れるのがつらいようである。 ◎「ママはまた来るからね。いっしょに保育所で遊ぼうね」などと語りかけ，泣きやまないときには抱っこして散歩するなど，心の安定を図る。	●登園時，身支度に時間がかかることが多い。カバンや帽子をつけたまま友だちと話している姿も見られる。 ◎「いっしょに出席シールを貼ろう」などと呼びかけて，身支度をする意識を高める。	●朝，遅れてくることが多い。友だちの遊びがもう始まっていると，立ちすくんで入らないことがある。 ◎どんな遊びをしているかわかりやすく説明したり，C児を誘っていっしょに遊びに入ったりして，遊びへの意欲を高める。
11:30 給食を食べる。	●野菜を食べるのが嫌いで，残すことが多い。保育者の言葉がけで，少し食べられるようになってきた。 ◎今日の給食の献立にも野菜があるので，野菜を食べたら健康によいことを知らせたり，少しでも食べられたときは認めたりして，励ます。	●給食を食べるときに，こぼすことが多い。 ◎姿勢を正すことや，おわんを持って食べることを知らせる。	

●…子どもの姿　◎…保育者の援助

コラム1
指導案を書く前に（実習期間中）

いきなり何もないところから指導案を書けと言われても困ります。ここでは，指導案を書く前に，何をしておかなければならないかを説明します。

〈事前訪問時〉
① 園方針理解
　パンフレットやホームページなどで園の方針を確認します（自由保育中心，設定保育中心，宗教教育等）。
② クラス理解
　教育課程（全体的な計画），期案，月案をもらい，実習時期にどんな保育が計画されているか，クラスの雰囲気，個別配慮児などについて聞きます。

〈実習前〉
③ 教材研究
　事前訪問で聞いたことをもとに，実習時期の子どもの発達に合わせた遊び，生活の援助等について調べ，教材研究します。手遊び，歌，ピアノの練習，ゲーム，工作，手作りペープサートなどです（授業，保育雑誌等で研究）。
④ 子ども理解
　担当クラスの発達年齢の特徴を確認します。とくに，発達障害への配慮など，本を読んでおくとよいでしょう。
⑤ 指導案の下書き
　事前に指導案を下書きして，学校の先生等にみてもらい直してもらいます。複数用意しておくとよいでしょう。あとで若干の修正でよくなります（実習園の書き方に合わせて書くと便利。去年同じ園で実習した先輩の指導案を入手）。
⑥ 模擬保育
　指導案をもとに，友達どうしで模擬保育をして練習します。導入のしかた，声のメリハリ，教材の提示，展開，発展，まとめなどをやってみます。

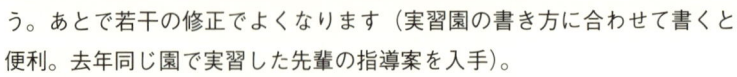

〈実習中〉
⑦ 日程の確認
　いつ指導案を書いて実習するのか確認し，週の流れのなかで，無理がないようにします。指導案提出日も確認します。

第2章 指導案作成のポイント

　ここでは，実際に指導案を作成するポイントを順番に説明していきます。この章で，指導案の書き方の基本をマスターしましょう。

ポイント1
「長期計画」と「短期計画」の関係を理解し，保育の流れをつかむことがたいせつです。

ポイント2
「保育者の願い」と「子どもの姿」のすりあわせから，今日の「ねらい」と「内容」が生まれてきます。

ポイント3
「実習生・初任者」と「中堅・ベテラン」の指導案作成の流れは違います。まず，そのことを知ることが近道です。

ポイント4
子どもの姿をイメージし，環境の構成と保育者の援助をどこまで具体的に書けるかが評価の最大のポイントです。

ファイト・オー！

1 指導案における欄ごとの内容

最もよく使われている流れ重視型を例に，欄ごとに書く内容を説明します。

表2－1

a. 5月19日（金）　4歳児つばめ組　男 10名　女 12名　合計 22名　保育者　山田　花子／鈴木　太郎

b. 主活動	・サッカーをする。		
c. 子どもの姿	d. ねらい	○教育のねらい ●養護のねらい	e. 内容	○教育の内容 ●養護の内容
		※ねらい・内容は，教育と養護でマークを分ける。	
f. 時間	g. 環境の構成	h. 子どもの活動（「動き」「姿」）	i. 保育者の援助
8:30	・シールを貼りやすいように分けておく。	○登園する。 ・出席帳にシールを貼る。 ・持ち物の始末をする。	・母親と離れがたいA児には，安心感をもてるように～する。
9:00	・園庭の環境図 ①砂場遊び　← ○保育者 ②サッカー　← ・砂場遊びでは，～しておく。 ・サッカーでは，～しておく。	○好きな遊びをする。 ［園庭］ ①砂場遊びをする。 ・穴を掘る。 ・山をつくる。 ②サッカーをする。 ［保育室］ ③車をつくる。 ［遊戯室］ ④大型積木で遊ぶ。	※［園庭］， ［保育室］など，場所ごとに書くとわかりやすい。 ※遊びの場所を，番号で対応させるとわかりやすい。	・砂場遊びでは，～する。 ・サッカーでは，～する。 ※　　のように，時間，環境の構成，子どもの活動，保育者の援助は，横に並んで対応していると見やすい。
10:30 11:00 12:00 14:30	※「環境の構成」「保育者の援助」では，文頭に・印をつける。	○片付けをする。 ○集まって歌を歌う。 ○給食を食べる。 ○降園する。	・片付けでは，～する。 ・集まったとき，～する。 ※大きく活動内容が変わる場合は，文頭に○印をつける。小さい活動は，文頭に・印をつける。
j. 反省		k. 評価	

a. 月日，曜日，年齢，組，人数，保育者

　いつ，何歳児の，どの組で，人数は何名で，だれが保育するのかです。

b. 主活動（子どもが主語）

　実習生が，部分担任実習（一日のうち，ある部分だけを担当して保育する実習）で担当する時間の活動を書きます。また設定保育の場合，公開する時間の

活動を取り上げて書く場合もあります。現場保育者の指導案や、好きな遊びの時間の公開保育では、主活動という考えは向かないので、省かれます。

c. 子どもの姿（事実＋考察＋願い）

前日までの子どもの姿を書きます。ねらいにつながる全体的・個別的な子どもの姿を書きます。

d. ねらい（教育のねらい：子どもが主語／養護のねらい：保育者が主語）

教育のねらいは、幼稚園と保育所・認定こども園共通で、子どもの姿と月・週案などの計画を照らし合わせ、どんな子どもになってほしいかという方向性を書きます。養護のねらいは、保育所で書く場合があり、保育士等が行なう事項です。

e. 内容（教育の内容：子どもが主語／養護の内容：保育者が主語）

ねらいを達成するために、子どもが経験してほしいことを具体的に書きます。ねらいと同様、教育の内容（幼稚園・保育所・認定こども園共通）、養護の内容（保育所のみ、保育士等が行なう事項）があります。

f. 時間

子どもの活動を、登園から降園まで時間の流れにそって書きます。活動内容が変わるごとに書きます。

g. 環境の構成（保育者が主語）

ねらいや内容が達成されるように、保育者が環境に対して行なう働きかけのことです。事前に物を用意、準備することにとどまらず、場の雰囲気や状況をつくることも含みます。保育者が行なう間接的な援助といえます。

h. 子どもの活動（子どもが主語）

ねらいや内容と関連して、子どもが環境と関わり、主体的に行なうことです。「子どもの動き」「子どもの姿」の欄になるときもあります。

i. 保育者の援助（保育者が主語）

ねらいや内容が達成されるように、保育者が子どもと直接関わって行なう、直接的な援助です。

j. 反省（指導案をもとに保育をした人が書く）

指導案をもとに保育を行なったあとに保育をふり返って書きます。

k. 評価（保育を見た人が書く）

実習中に、保育を観察した人（担任、主任、園長など）が書きます。

2 保育の計画の関係

保育の計画には以下のようなものがあります。それぞれの計画は単独であるのではなく，つながりをもって作成されます。長期の見通しをふまえて，子どもの実態に合わせてつねに修正していくことが求められます。

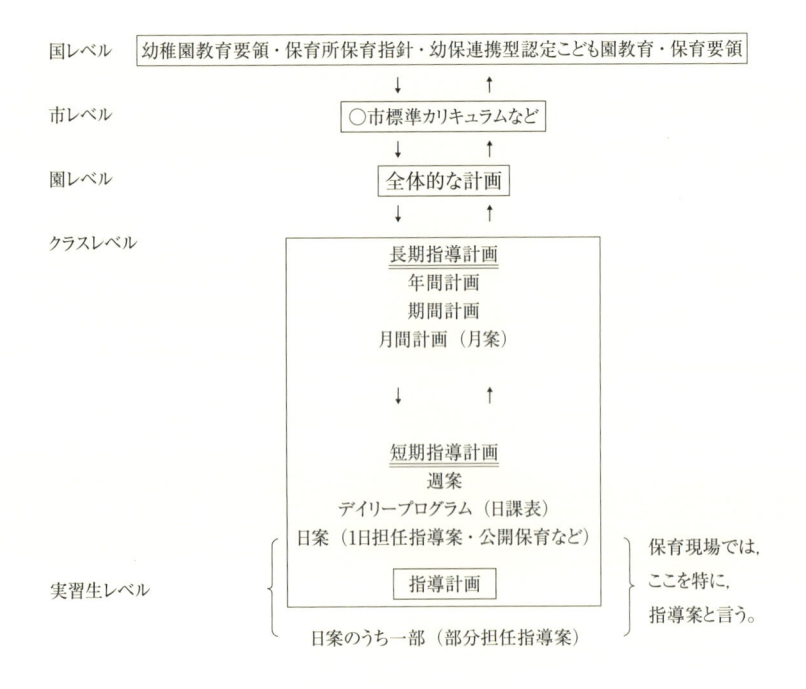

```
国レベル      │幼稚園教育要領・保育所保育指針・幼保連携型認定こども園教育・保育要領│
                              ↓
市レベル              │○市標準カリキュラムなど│
                          ↓    ↑
園レベル                  │全体的な計画│
                          ↓    ↑
クラスレベル      ┌─────────────────────────┐
                  │      長期指導計画        │
                  │       年間計画           │
                  │       期間計画           │
                  │     月間計画（月案）     │
                  │                          │
                  │       ↓    ↑            │
                  │                          │
                  │      短期指導計画        │
                  │        週案              │
                  │  デイリープログラム（日課表）│
                  │  日案（1日担任指導案・公開保育など）│   保育現場では，
                  │                          │   ここを特に，
                  │      │指導計画│          │   指導案と言う。
                  │                          │
実習生レベル      │  日案のうち一部（部分担任指導案）│
                  └─────────────────────────┘
```

図 2－1　保育の計画の関係

全体的な計画の「ねらい及び内容」をもとに，指導計画においては，「具体的なねらい及び内容」を明確に設定しなくてはなりません。以下にその関係を表わします。

＜教育課程・保育課程＞全体的な計画

「ねらい」は，
・幼稚園・保育所・認定こども園の教育・保育において育みたい資質・能力＊を子どもの生活する姿から捉えたもの
・園における生活の全体を通じ，子どもが様々な体験を積み重ねる中で相互に関連をもちながら次第に達成に向かうもの

「内容」は
・ねらいを達成するために指導する事項
・子どもが環境にかかわって展開する具体的な活動を通して総合的に指導されるもの

◎到達目標ではなく，方向目標といえるでしょう。

⇕　常につながりを意識して……

指導計画

「具体的なねらい及び内容」は，以下のように設定します。
　・園生活における子どもの発達の過程を見通す
　・子どもの生活の連続性，季節の変化などを考慮する
　・興味や関心，発達の実状に応じる

◎実際の保育の手がかりとなるものです。子どもに寄り添い，子どもの育ちを支えることができるように設定します。

＊育みたい資質・能力
　①豊かな体験を通じて，感じたり，気付いたり，分かったり，できるようになったりする「知識及び技能の基礎」
　②気付いたことや，できるようになったことなどを使い，考えたり，試したり，工夫したり，表現したりする「思考力，判断力，表現力等の基礎」
　③心情，意欲，態度が育つ中で，よりよい生活を営もうとする「学びに向かう力，人間性等」

図２－２　具体的なねらい及び内容

3 （前日までの）子どもの姿

Q 子どもの姿ってな〜に？
A 前日までの子どもの記録です。

　実習日誌や保育日誌などの記録から，とくに指導案につながる部分を取り上げて書いたものです。客観的な事実から保育者がとらえた子どもの課題に対する保育者の願いがねらいにつながります。

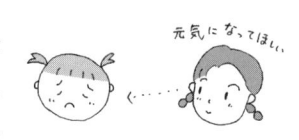

Q どうやって書くの？
A 基本的な形は，以下のとおりです。

　　①事実＋②保育者のとらえ（考察・課題検討）→③保育者の願いへ

Q どうして，事実と考察を分けるの？
A 本当のことか，保育者の思い込みなのかがわからないからです。

　どのような事実から子どもの内面を読みとったのか具体的に書いていないと，読んでいる人には伝わりません。以下の例を参考にしてください。

○ 読み手に伝わる書き方
　事実：A児がB児に「いっしょに遊ぼう」と言うと，B児は「うん」と言って，いっしょに砂場で遊び始めた。
　考察：B児は，ひとりで遊ぶことが多かったが，A児に声をかけてもらい，うれしかったようすである。
　願い：A児と関わることで，友だちと遊ぶ楽しさを知ってほしい。

× 読み手に伝わらない書き方
　A児とB児は砂場でなかよく遊んでいた。
　（どうしてなかよく遊んでいると思ったのかが不明。「なかよく」などの便利な言葉をできるだけ使わずに書く）

Q 何を書けばいいの？

A 当日のねらいにつながる姿に厳選して書きます。

　子どもの姿を羅列的に書いても意味がありません。当日の指導案のねらいにつながる部分に厳選します。どうして，当日のねらいが決まったのかが相手に伝わるように書きます。

○全体的な視点（集団として見た場合）
「クラスの子どもの大半は，ドッジボールに参加している。体を動かすことが楽しいようすがうかがえる」

○個別的な視点（個人，一人ひとり見た場合）
「一方，A児とB児は，部屋でお絵かきをしていることが多い。A児とB児は，体を動かすことに苦手意識をもっているようなので，ドッジボール以外にも2人が興味をもちそうな運動遊びを取り入れていきたい」

○養護（生命の保持及び情緒の安定）の視点
「4月も後半になり，ほとんどの子どもは登園してすぐに遊び始める。だいぶ園生活に慣れてきたようである。しかし，なかには母親と離れがたくて泣いてしまうC子やD男もいる。C子やD男が，園生活に期待感をもつことができるように，興味がある遊びを提供したい」

○遊びのようすの視点（興味や関心）
「最近は男の子を中心に，ヒーローごっこが流行っている。月曜に，E男が新聞紙で剣をつくったことから，まわりの友だちもヒーローの剣をつくり始める。だが，うまく新聞紙を丸めることがむずかしく，太い剣しかできないことがくやしいようである」

○5領域の視点（子どもの育ちへの見通し）
・健康「野菜が苦手で，あまり食べなかったF児だが，園の畑で自分が育てた野菜を調理すると，最後まで食べることができた。自分でつくった野菜に対して愛着をもったようである」
・人間関係「縄跳びをつなげて電車ごっこをしていたG児とH児のところに，『まぜて』とI児が来た。そしてI児は，切符を売る人，G児は運転手，H児は車掌の役になり，『電車に乗る人はいませんか』と呼びかけ始めた。役割分担を考えて遊びを進めるようになってきている」
・環境「J児が，『あっ，もみじが赤くなっている』と声を上げる。保育者が，『本当だ。秋になるともみじは服を着替えるのかな？』と問いかけると，ほかにも色が変わった植物がないか探し始める。秋の自然の移り変わりに興味をもち始めているようである」
・言葉「集まりの時間に，しりとりをしたことから，自由な遊びの時間にもしりとり遊びをするようすが見られた。言葉に興味をもち始めているので，集まりの時間に言葉遊びを取り入れていきたい」
・表現「生活発表会が終わったあとも，劇の役を代えて演じている姿が見られる。しばらく，劇の衣装や小道具を出しておき，劇遊びを楽しめるようにしたい」

4 ねらい

Q ねらいってな〜に？

A ねらいとは，幼稚園や保育所・認定こども園の教育・保育において育みたい資質・能力を子どもの生活する姿から捉えたもの（教育面）です。これは，幼稚園と保育所・認定こども園で共通のねらいです。

　保育所では，乳児から生活していることや，長時間保育をすることから，子どもが安定した生活を送り，充実した活動ができるように，保育士等が行なわなければならない事項（養護面）が追加されます。

Q どうやって書くの？

A ねらいの基本的構造は，以下のとおりです。

〈**教育のねらい**〉　「子どもが」主語

　　　　①だれと（範囲）　　　┐
　　　　　　　＋　　　　　　　├ 子どもの姿（発達段階・子どもの思い）をとらえて
　　　　②どのように（レベル）┘
　　　　　　　＋
　　　　③何を（養護・5領域）┐
　　　　　　　＋　　　　　　　├ 保育者の願い（育みたい資質・能力）を踏まえて
　　　　④どうする（心情・意欲・態度）┘
　　　　　　　＋
　　　　⑤「ようになる」という
　　　　　　言葉を補って適切なようにする。（方向性を示す）

（例）
①クラスの友だちと　②言葉を交わしながら，③土や水の感触を　④十分に味わう。
（①だれと）　　　　（②どのように）　　（③何を）　　　　　（④どうする）
⑤（ようになる）
⑤実際には書かない。

〈**養護のねらい**〉　「保育士等が」（主語）
　　　　　①一人ひとりの子どもが（対象は一人ひとりの子ども）
　　　　　　　＋
　　　　　②〜できるようにする。（保育士等が行なう具体的な事項）

Q ねらいを書くためのヒントは？

A ねらいの語尾は，資質・能力の中でも，乳幼児期にこそ育みたい「学びに向かう力，人間性等」としての「心情・意欲・態度」の育ちで書きます。

①ねらいの方向性（心情・意欲・態度）

心情：感じる。味わう。楽しむ。もつ。
意欲：十分に～する。進んで～しようとする。自分から～関わる。高まる。深める。取り入れようとする。よく～する。
態度：芽生える。育つ。慣れる。身に付ける。気付く。わかるようになる。豊かにする。通わせる。行動する。
養護：一人ひとりの子どもが，～できるようにする。

※心情（人やものに対していだく心のなかの思い，気持ち）が意欲（みずからの意志によって積極的に何かをしようと思う気持ち）につながり，態度（状況に対応してみずからの感情や意志を体や言葉で表わしたもの，あるいはものごとに対する心的な構えと運動的な構え）を形成していくという育ちの順序があります。

②ねらいの視点（5領域と養護）

とくに養護と健康は関係が深いので意識しましょう。

養護 生命の保持 （快適な生活，健康・安全，生理的欲求の満足，健康増進） 情緒の安定 （安定感，安心感，自己肯定感，くつろぎ，心身の疲れの癒し）	**健康** （明るく，のびのび，充実感） （体，運動） （健康，安全，生活，必要な習慣や態度，見通し）
人間関係 （園生活，自分の力で，充実感） （人，親しみ，かかわり，工夫，協力，一緒に，愛情，信頼感） （社会生活，望ましい習慣や態度）	**環境** （環境，自然，事象，興味，関心） （発見，考える，生活） （見る，考える，扱う，ものの性質，数量，文字，感覚）
言葉 （気持ち） （言葉，話，経験，伝え合う） （日常生活，必要な言葉，絵本，物語，言葉に対する感覚）	**表現** （ものの美しさ，感性） （感じたこと，考えたこと，表現） （イメージ）

※実際には，ねらいのなかに複数の視点を組み合わせて，文にすることが多いでしょう。
明るくのびのびと（健康）　人と関わり（人間関係）　言葉を伝え合う（言葉）　楽しさを味わう（心情）など

5 内容

Q 内容ってな～に？
A 内容は，ねらいを達成するために指導する事項です。
　　子どもが環境に関わって展開する具体的な活動をとおして総合的に指導されるものであり，経験する事項です。保育所では，ねらいと同様に養護と教育の内容に分かれます。

Q どうやって書くの？
A 内容の基本的構造は，以下のとおりです。

```
＜教育の内容＞　　「子どもが」主語
　　　　　　　①具体的な活動
　（～で，～を通じて，～の中で，～において，～によって）
　　　　　　　　　　　＋
　　　　　　　②活動のポイントとなる行動・対象
　（～をして，～しながら，～することを，～することに，～に，～を）
　　　　　　　　　　　＋
　　　　　　　③子どもの内面（心の動き）ねらいにつながる経験
　　　　　　　　　　　＋
　　　　　　　④「経験をする」という言葉を補って適切なようにする。
　　　　　　　　（表面的な活動や一時的な体験ではなく，活動が積み重ねられた結果として得た内面的な経験という意味。）
（例）
ねらい：集団遊びで，ルールやきまりを守ろうとする。（ようになる）
　　　　　　　　　　　　　↑　経験の積み重ねが，ねらいにつながっていく。
内容：　①サッカーを通して　②ルールの必要性に　③気付く。　　④（経験をする）
　　　　（①具体的な活動）　（②活動のポイント）（③内面，心の動き）④実際には書かない。

＜養護の内容＞　　生命の保持及び情緒の安定に関する事項
「保育士等が」（主語）
①一人ひとりの子どもが　②～するように　③～していく。～ようにする。
　（対象は一人ひとりの子ども）　　　　　　（保育士等が行なう具体的な事項）
```

Q 「ねらい」と「内容」,「活動」の区別のしかたは？
A 以下のようなキーワードの有無で考えると,整理がつきやすいでしょう。

ねらい：どんな子どもになってほしいかという方向性を心情・意欲・態度の面から見ます。たとえば「体を動かすことを楽しむ」ような子どもになっていってほしいというねらいはあります。しかし「サッカーをする」ような子どもになってほしいというように,具体的な活動が入ると,非常に狭く,限定されたねらいになるのでふさわしくありません。一つのねらいが達成されるには,さまざまな活動が考えられるように,柔軟性があるものにします。

内容：具体的な活動をとおして得られる経験なので,具体的な活動と,その活動から得た経験である内面（心の動き）が入ります。たとえば,サッカーをしても,「シュートがたくさん決まって楽しかった」という経験もあれば,「うまく行かなくて楽しくなかった」という経験もあります。活動のなかで,ねらいにつながる一番のポイントとして子どもに経験してほしい内面（心の動き）が内容になります。

活動：たんなる行動を表わすので,内面（心の動き）は入れずに,活動だけ書きます。

種類＼キーワード	内面（心の動き） 「味わう」「喜ぶ」など	具体的な活動 「サッカーで」など
ねらい 「体を動かす楽しさを味わう」	○	×
内容 「サッカーをして,シュートすることを喜ぶ」	○	○
活動 「サッカーをする」	×	○

Q 内容を書くためのヒントは？
A ねらいにつながる内面（心の動き）を挙げました。参考にしてください。

心情	ふれる　ふれ合う　親しむ　よろこぶ　感じる　気づく　知る　わかる　伝え合う　共感し合う
意欲	行なう　行動する　活動する　取り組む　取り入れる　接する　試す　考える　くふうする　深める　見出す　表現する　想像する
態度	生活する　関わる　支え合う　協力する　やり遂げる　気を付ける　守る　たいせつにする
養護	対応する　努める　援助する　はたらきかける　築いていく

Q もっとねらいと内容を具体的にするには？

A 幼稚園教育要領と保育所保育指針から，キーワードを取り出し分類してみました。ねらいや内容を具体的なものにするための参考になれば幸いです。

（どんな）レベル	（どのように）レベル
・自分の，自分なりの，身近な，気の合う，親しい，グループの，クラスの，学年の，園の，異年齢の，年下の，年上の ・必要な，日常の，身の回りの，豊かな，さまざまな，簡単な，適切な	・いっしょに，ともに，互いに，自分なりに， ・自分の力で，くふうして，試行錯誤して，力を合わせて，共有し，注意して，気をつけて ・進んで，積極的に，自分から，よく ・十分に，わかるように， ・明るく，伸び伸びと，自由に
（だれと，何と）範囲	（何で）手段
・自分で，一人ひとり，自分たちで，保育者と，友だちと，全員で，みんなで（グループ，クラス，学年，園） ・自然と	・生活のなかで，行事のなかで，できごとのなかで， ・言葉で，体（全体）で，五感を使って， ・音や動きで
（何を）養護，5領域	（だれに，何に）対象
・園生活を，生活の場を ・イメージを，表現を，見通しを，発見を創造性を， ・安定感を，充実感を，愛情を，信頼感を楽しさを，感性を，思いやりを ・興味を，関心を，好奇心を，探究心を気持ちを，思ったことを，考えたことを ・活動を，習慣を，態度を，生活のしかたを，生活リズムを，行動のしかたを ・共通の目的を ・事象を ・言葉を，話を，経験したことを，楽しさを 感じたことを，感動したことを，心を ・あいさつを ・リズム楽器を ・食事，排泄，睡眠，衣類の着脱，身の回りを清潔にすることを ・休息を	・保育者に，友だちに，相手に ・自分の生活に関係の深いいろいろな人にお世話になった人に，高齢者に，地域の人々に ・友だちのよさに，よいことや悪いことがあることに 決まり・ルールのたいせつさに， ・生活に，環境に ・心を動かすできごとに， ・ものの性質や仕組みに，数量に，標識に文字に対する感覚に， ・大きさ，美しさに，不思議さに，楽しさに， ・さまざまなものに，音に，色に，形に，手ざわりに，動きに ・（春の，夏の，秋の，冬の）自然に ・変化のあることに，移り変わりに， ・動植物に，情報に，施設に ・絵本に，物語に，音楽に

Q 養護と教育（5領域）はどんな関係なの？

A 「保育」は「養護」と「教育」とが一体化し，遊びや生活をとおして総合的になされるものです。

　たとえば，ひとつの遊びには子どもの育ちの要素が複数からみあって存在しています。その関係性については，幼稚園教育要領，保育所保育指針のなかにもあまり言及されていませんが，ここでは，「養護」と「教育」（5領域）の関係を図示して，どのように子どもの育ちをとらえていけばよいかの手がかりを示します。基本的に，「養護」は，子どもが安心して自分から活動する「教育」の原点になります。

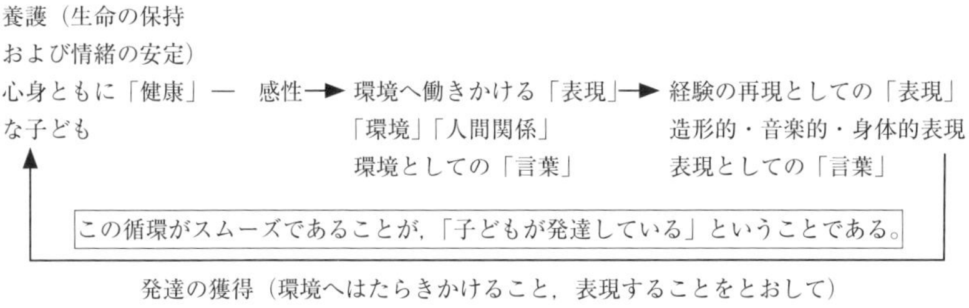

養護（生命の保持
および情緒の安定）
心身ともに「健康」── 感性 ➡ 環境へ働きかける「表現」➡ 経験の再現としての「表現」
な子ども　　　　　　　　　　「環境」「人間関係」　　　　造形的・音楽的・身体的表現
　　　　　　　　　　　　　　環境としての「言葉」　　　　表現としての「言葉」

　　　　　　この循環がスムーズであることが，「子どもが発達している」ということである。

　　　　　　　発達の獲得（環境へはたらきかけること，表現することをとおして）

図2-3　養護・5領域とその構造的把握　（小芝，1994による分類）

Q ねらいにつながる内容を書くには？

A どんな経験をすればねらいが達成されるのか，具体的な行動レベルをイメージして書きます。

　たとえば，ねらいを「友だちといっしょに体を動かす楽しさを味わう」とした場合，具体的には，「サッカーで友だちとパスをして楽しむ」「友だちと二人縄跳びに取り組む」「平均台の上でポーズをとり，バランスを感じる」など，さまざまな内容が考えられます。ねらいにつながる経験（内容）の中味をていねいに細かく，できるだけ具体的なレベルでとらえて書くとようでしょう。

6 環境の構成

Q 環境の構成ってな〜に？
A ねらいや内容が達成されるように，保育者が環境に対して行なう働きかけです。

　保育者が行なう間接的な援助といえます。事前にしておくことと，保育中に行なうこと（環境の再構成）の2種類があります。環境は，物的環境（遊具や用具，素材など）と人的環境（保育者や友だちなど），自然的環境（天候，動植物など），社会的環境（文化など），空間的条件，時間的条件，その場の雰囲気や状況などが総合的に絡み合ったものです。指導案に書く環境の構成としては，物的環境，空間的条件，時間的条件などを書くことが多いでしょう。人的環境については，保育者の援助欄に書くことで区別しています。

Q どうやって書くの？
A ①（時期・対象）「いつ，どの遊びに」＋②（理由）「どうして」＋③（保育者の具体的な環境の構成）「何を（対象）」「どこに（場所）」「どのように（置き方）」「どれだけ（数量）」（事前）「どうしておく」（保育中）「どうする」を，具体的に書きます。

　そのことによって，なぜ保育者がそのような環境の構成をしたのか？（するのか？），具体的にどんな環境の構成をしたか（するか？）が伝わります。

```
（保育者が主語）
①時期・対象          ＋  ②理由          ＋  ③具体的な環境の構成
「前日に，当日の朝」      「〜できるように」    「何を，どこに」
「〜の遊びでは」         「〜のために」      「どのように，どれだけ」
「〜のときには」                        「〜しておく」「〜する」
                                  「用意・準備しておく（する）」
                                  「スペースを，広くする」
                                  「時間を長めにとる」　など
```

Q 環境の構成で気をつけることは？

A ねらいを達成するために環境のなかに保育者の願いを込め，子どもがみずから関わりたくなる意味のある環境にすることがたいせつです。

①見えるか，見えないか？

友だちの遊びが見えると，「いっしょにやってみようかな」「あのつくり方を真似してみよう」などと影響し合い，遊びが発展します。見えないと，気が散らずじっくりとものに関わることができます。

②動的か，静的な遊びか？

たとえば，お絵かきの横で大なわとびをしていたら，互いに気が散ります。動的な遊びと静的な遊びは，少し離すようにしましょう。

③自分の力で進められるように

使いたい用具や素材が，棚に整理されており，いつでも使えるようにしておきます。また，保育者がすべて用意するのではなく，子どもといっしょに用意したり，最低限だけ準備したりするとよいでしょう。

④動線を考える

子どもの動きに合わせて，安全面に配慮します。衛生面，温度，湿度，換気，採光，音などにも気をつけます。

⑤子どもの活動に合わせて再構成

子どもの活動の変化に合わせて，環境を変えます。たとえば人数によって机や材料，遊びのスペースを増減させたり，活動が盛り上がっていたら時間を延長したりします。

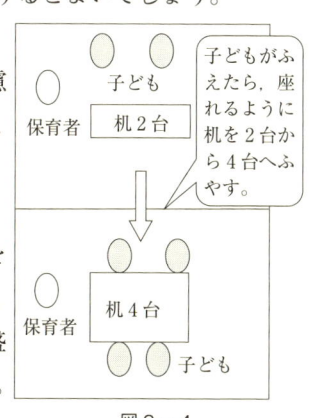

子どもがふえたら，座れるように机を2台から4台へふやす。

図2−4

Q 環境図はどうやって描けばいいの？

A 当日の保育に関係するところを中心に，具体的に描きます。

描き方としては，子どもの活動に合わせて環境が変わるときは，その変化がわかるように別の環境図を描きます。保育者の位置も描くと，動きがわかります。

第2章　指導案作成のポイント

7 (予想される)子どもの「活動」「動き」「姿」

Q 子どもの活動ってな〜に？
A 内容（ねらいを達成するために積み重ねたい経験）を得られる具体的な活動のことです。

> （例）ねらい：友だちと関わる楽しさを味わう（ようになってほしい）
> ↓どんな経験をすればよい？
> 内容：おままごとのなかで言葉のやりとりをして楽しむ(経験をしてほしい)
> ↓具体的には，どんな活動のなかで？
> 活動：料理をつくって，友だちにあげる。

Q どんなふうに書くの？
A すべて子どもを主語にして，①「〜を」，②「〜する」という常体で統一して書きます。
　「楽しむ」などの気持ちを書くと，活動ではなく経験する内容になるので不適切です。

> 　　　　　　　　　①「何を？」　　②「〜する」
> （子どもが）主語　砂場遊びを　＋　する。○
> 　　　　　　　　　砂場遊びを　＋　楽しむ。×

A 「大活動」と「小活動」に分けて書くとよいでしょう。
　その日，予想される子どもの活動のうち，おもなものを大活動とし，その大活動のなかで，予想されるさまざまな子どもの活動を小活動として書きます。その際に，「○」と「・」などマークを変えるとよいでしょう。場所がわかるように，①などの番号をつけてもよいでしょう。

> （例1）○砂場遊びをする。　**大活動**　　（例2）① 砂場遊びをする。
> 　　　　・山をつくる。　　　｝
> 　　　　・トンネルをつくる。　**小活動**　　※場所を示す番号は環境図の
> 　　　　・水を入れる。　　　｝　　　　　　　　番号と対応させる。

Q 子どもの活動に何を選べばいいの？
A 子どもの活動を選ぶポイントと例を以下に示します。参考にしてください。
　①子どもの発達過程から（子どもの育ちをとらえて）
　　・感覚遊び→製作遊び→ごっこ遊び→ルールのある遊び→協同的な遊び
　　・ひとり→親しい友だち→クラス・学年の友だち→異年齢の友だち
　②季節の変化，月案，週案，行事の予定から（この時期しかできないこと）
　　・明日，雪が降りそうだから，雪遊びをするかもしれない。
　　・もう少しで生活発表会なので，今日は，衣装やグッズをつくろう。
　③子どもの興味・関心から（何をやりたがっているか？）
　　・前日，紙粘土でクッキーをつくっていたから，今日はクッキーを売るお店やさんごっこをするかもしれない。
　　・隣のクラスで大なわとびをしていて，自分のクラスの子どもも参加していた。自分のクラスでも大なわとびを始めるかもしれない。
　④一日の生活の流れから（静と動のメリハリ，生活リズム）
　　・登園したばかりのときは，すぐに遊び始められるように，いつも継続している遊びを用意しよう。十分に体を動かせる遊びにしよう。
　　・給食のあとは，静かな遊びにしよう。帰りは，静かに心を落ち着けられるように紙芝居を見よう。

Q「子どもの活動」「子どもの動き」「子どもの姿」欄のちがいは？
A　「子どもの活動」は，ねらいや内容と関連して，子どもがみずから活動を展開していく過程を予想したものです。したがって「話を聞かない子どももいる」などのように，マイナスのことは子どもの活動としてはふさわしくないので書きません。それに対して，「子どもの動き」は「動くようす」です。活発ではない行動も含みます。「子どもの姿」は「子どもの状態」です。行動だけではなく，内面などの気持ちのようすも表わします。3歳未満児クラスでは，活動まで至らない時間が多いので，「子どもの姿」欄になり，3歳以上児クラスから「子どもの動き」「子どもの活動」欄になることが多いです。「子どもの姿」や「子どもの動き」を予想した上で，「こうなってほしい」という保育者の意図を元に計画された流れが「子どもの活動」となります。

8 保育者の援助

Q 保育者の援助ってな～に？
A ねらいや内容が達成されるように行なう保育者のさまざまなかかわりです。保育中に保育者が直接子どもと関わって行なうすべての働きかけが，援助になります。

Q どうやって書くの？
A ①（状況・対象）「いつ，だれに，どの遊びに」＋②（理由）「どうして」＋③（保育者の具体的なかかわり）「どのように，どうする」を，具体的に書きます。そのことによって，なぜ保育者がそのようなかかわりをしたのか，また具体的にどのようなかかわりをするのかが伝わります。

```
（保育者が主語）
①状況・対象       ＋   ②理由         ＋   ③具体的なかかわり
「のときには」          「～できるように」    「どのように～する。」
「～の遊びでは」        「～するように」
```

Q 子どもの活動によって援助は違うの？
A 設定保育と自由遊びの流れの基本を知っておくと，しなければならない援助が明確になります。以下に基本的な流れを示します。

```
①設定保育の流れ（全体が中心）※援助は，全体から個別へ
導入（全体に）     →   展開（全体または個別）　→  まとめ（全体に）
何をするのか知り興味・   やるべきことが明確になり，   活動のよかった点，課題を明
関心を高める時期       実際に開始した時期        確にし，次につなげる時期

②自由遊びの流れ（個，グループが中心）個々がつながり集団へ
遊びの不確定段階    →   遊びの実行段階     →   遊びの転化・発展段階
まだ，何をすればよいか   自分のしたい遊びが       次の遊びのイメージを
明確ではない時期       見つかり遊びが開始       探している時期
                    された時期
```

Q 保育者の援助にはどんなものがあるの？

A おもに言葉がけに関するものと，おもに行動面に関するものがあります。

〈おもに言葉がけに関するもの〉

援助の種類	ポイント
励まし	子どもがやろうとしていることを支える。保育者の思いどおりにするのではない。
評価（ほめる）認める	子どもが認めてほしいところを見極める。その子どものしている遊びをよく見ないで，ただほめてもよろこばない。
禁止	制限することで，スムーズに行なったり，新たな方向性が見えてきたりすることもある。安全面など，基本的な約束ごとがあるから楽しめることもある。
補足・仲裁	思いを代弁することで，気持ちが通じる。
ゆさぶり	異なる新たな視点を出すことで，遊びの発展をうながす役割を果たす。
イメージの明確化	遊びのイメージはもっているが，やりたい遊びが見つからない子どもに，遊びの価値を位置付け，遊びの見通しをもてるようにする。
イメージの拡大	現状の遊びをベースにしつつ，さらなる発展をうながす。「こうしたらどう」「こんなこともできるよ」

〈おもに行動面に関するもの〉

援助の種類	ポイント
例示	生活のしかた，遊び方の例を示すモデルになる。子どもは保育者をよく見ている。
手助け	子どもだけではできない作業，技術面に関して手を貸す。できることはしない。
仲立ち	子どもだけでは，解決できないようなトラブルのときには，言葉がけだけではなく，分け入ることも必要。
代理	ごっこ遊びで，お客さんの役がいないときに，お客役になるなど，遊びの発展をうながす。
見守りよりそい	実際に，そばで保育者が子どものようすを見ていることで，安心感を得る場合もある。 子どもは，実際に保育者が見ているかどうか，敏感である。
共感	子どもの気持ち，言葉や行動を「そうだね」と受けとめたり，いっしょに遊び一体感を感じたりすることで，信頼関係が生まれる。
偶然を活かす	偶然起こったできごとを柔軟に遊びに活かすことで，発展をうながす。
阻止	安全面からどうしても，阻止することもある。しかしどうやったら，安全にダイナミックに遊べるかを考えることが重要。

竹井史，1997の分類を元に作成

9 反省

保育を行なったあと，反省をして，次の保育に活かすことがたいせつです。

Q 何を書けばいいの？
A 子どもの育ちを見る視点と，自分の保育をふり返る視点の2つが必要です。

〈子どもの育ちを見る視点〉
① 今日のねらいに近づいていたか？
② どの力が伸びていたか？（個人内評価）
　・他人とではなく，その子自身の前の状態と今の状態を比べる。
③ ありのままを見る。（「なぜ？」をたいせつに！）
　・どんな気持ちでその行動をしたのかを見つめる。

〈保育をふり返る視点〉
① ねらい・内容は子どもの実態に照らし合わせて，適切だったか？
② 保育者の環境構成・援助は適切だったか？

Q 注意することはなに？
A 感想ではなく，反省を書くことです。

実習生によくあるまちがいですが，ただの感想になっている場合があります。次のような例です。

〈感想にしかなっていない例〉
・集まりの時間にみんなが集まってくれなくて，困った。
・手遊びをしたら，みんなが楽しそうにやってくれて，うれしかった。

これでは，改善につながりません。なぜそうなったのか，どうすれば育ちにつながるかという視点で書くことがたいせつです。

〈改善例〉
・自分のしたい遊びをなかなかやめられなくて，集まりに遅れる子どもがいる。遅れがちな子どもには，早めに集まりの時間を知らせたり，楽しい手遊びをくふうして集まりに対する期待感を高めたりしたい。

10 評価

　実習生の指導案では，評価欄を設けて，指導者がコメントを書く場合もあるでしょう。基本的には，がんばりを認めつつ，次にどうすれば子どもの育ちにつながる保育ができるかという建設的な意見を述べることがたいせつです。

Q　何を指導すればいいの？

A　指導案と実践との関係を中心に指導すればよいでしょう。

　指導案はあくまでも計画なので，実際とのズレが必ず出てきます。そのズレをもとに，柔軟な対応のしかたを指導します。

　たとえば，遊びの時間が足りなかったとしましょう。そこで，なぜそうなったのか，理由を指摘します。準備不足ですぐに遊びを始めることができなかった，子どもの興味・関心が予想しなかった方向に行った，保育者が進行する予定のときにトラブルが発生したなどです。何をどう予想しておかなくてはいけないかを指摘し，計画→実践→反省のくり返しのなかで，保育が高まっていくことが実習生に伝わればよいでしょう。

Q　よいところも見つけなくてはいけないの？

A　悪いところを指摘するだけなら，だれでもできます。改善のしかたや，どこを伸ばせばよいかも指導すると，次への意欲につながります。

　悪いところ，抜けているところは目に付くものです。それを指摘するのは簡単ですが，指摘するからには，改善するための方法とセットで伝える必要があります。指摘されて自信をなくしても，次の保育への見通しがもてるから，がんばろうという意欲がわいてくるのです。「自分で改善する方法を見つけてほしい」と思うかもしれませんが，短い実習期間では，うまくいかないまま終わることも多いでしょう。よいところも認め，少し自信をもつことができるようにすると同時に，重要なポイントは必ず伝え，保育の見通しをもてるようにします。改善したらうまくいったという成功体験を積み重ねることが，後輩を育てるコツです。

コラム2
指導案作成の流れの違い

　指導案をどの欄から埋めていくかという作成の流れを,「実習生」の立場と「現場の保育者」の立場に分けて,追ってみます。

┌─〈実習生の指導案作成の流れ〉─────────────────────┐
　　子どもの活動(主活動)→子どもの姿→環境の構成・保育者の援助→ねらい・内容
└─────────────────────────────────┘

　実習生は,子どもとふれ合って1週間たらずで指導案を書くことが多いと思います。子どもの育ちへの見通しもなく,子どもの姿の理解も不十分です。それなのに,まず,子どもの姿やねらいを書きなさいと言われても,書くべきことを見つけられず,スタートでつまずいてしまいます。そこで,実習生は活動設定型の保育の指導案を立てることにします。主活動という言葉が表わすように,与えられた時間のなかで,活動をどのように展開するかがポイントになります。活動の進め方には,一定の法則のようなものがあります。すなわち,導入,展開,まとめです。そのかたちに慣れることが課題となります。その活動でいちばんたいせつなねらいは何か,については,最後にもう一度よく考えて書きます。

┌─〈現場の保育者の指導案作成の流れ〉───────────────────┐
　　　子どもの姿→ねらい・内容→子どもの活動→環境の構成・保育者の援助
└─────────────────────────────────┘

　現場の保育者になると,長期・短期計画と実際の子どもの姿をすり合わせてねらいを考えていくことができます。まず,子どもの姿をどうとらえるかということがスタートになるのです。また,公開保育のときに指導案を書くことも多いと思います。事前に送付する資料には,子どもの姿がどう変化していったのかという流れと,保育者の願い・ねらいをつけて,園で何をたいせつにしているかを参観者に知らせます。そして当日資料に,その日の子どもの活動や環境の構成・保育者の援助をつけるとよいでしょう。これはなぜかというと資料を事前に送ることになるので,当日まで時間差ができ,当日の子どもの活動が予想と大きく違ってくることも考えられるからです。

第3章 3歳未満児クラスの指導案

　ここでは，3歳未満児クラスの指導案の書き方を，保育所の実例をもとに解説していきます。0～2歳の子どもが対象なので，一人ひとりの育ちを細やかにとらえていくことがたいせつです。

ポイント1
養護の側面を重視して作成する
0～2歳の子どもたちにとって，安全な環境で，心身ともに安定した日々の生活が継続されていくことが何よりも重要です。
子どもたちが心地よい生活をつくることを目的に作成されるデイリープログラムを参考に，養護のかかわりを重視して作成します。

ポイント2
環境のきめ細かな設定を行なう
「食事をとる」というひとつの活動にも，保育者のきめ細かな準備や手順の設定が必要となるのがこの年齢の特徴です。この点を明確に記述することは，子どもの活動を保障するだけでなく，複数担任の保育者が，互いに仕事を分担しながら，一貫した保育を行なうことにつながります。

ポイント3
個人差に配慮した内容とする
この時期は，発達の個人差が大きいだけでなく，月齢差によっても発達の姿がかなり異なります。
その子ども自らの「育ち」を支えるとともに，次の発達を見すえて，保育者が「育てたいもの」へとつなげるための援助や個別的配慮を記載することが必要となってきます。

ポイント4
一日（24時間）の生活を考慮する
年齢が低いほど，その日の睡眠や食事，体調などによって活動が変化します。家庭とのやりとりが必要な事項を，「家庭との連携」欄などに記載し，24時間を視野にいれた保育となるよう配慮します。

1 0歳児クラスの指導案

① 0歳児クラスの指導案の特徴

　生活リズムを確立していく時期なので，個々のリズムを尊重しながら，乳児期にふさわしい生活を継続していくことが重要です。発達が著しいものの，ゆっくりと変化するので，おおむね月単位でのねらいや内容を考えます。つまり，乳児にふさわしい生活を考慮して作成される「デイリープログラム」と個々の発達を見通した「月間指導計画」を基本におきながら，一人ひとりの姿に合わせた指導案を作成するのです。

　個人別に記載する様式もありますが，ここではデイリープログラムを基本に，個々の姿を挿入する例を紹介しました。実際，個々に応じた保育をゆったりと行なうためには，複数の保育者がクラス全体の流れを見通して，互いにサポートすることが必要だからです。決して，クラスの日課を優先するということではありません。

②ねらい，内容

　0歳児の保育は，「保健的かつ安全な環境で，安心感をもち，安定した生活をすごす」ことが大きなねらいです。大人から世話されることが多いですが，これは子どもが受動的に生活するということではありません。子どもの心や姿に応じて一つひとつていねいに世話をすることは，子どもが「自分自身」や「生活における活動」をしっかりと確認し，心地よい体験として意味付けていくことにつながります。このことが基盤となって，周囲のものや人に自信をもってはたらきかけていくようになるのです。大人の援助が中心であっても，あくまで子どもが主体的に経験していることを意識しましょう。

③環境の構成

　0歳児クラスでは運動発達や生活リズムの差が大きいので（たとえば移動がスムーズな子と移動しない子，寝ている子と遊んでいる子を同時に保育することになります），一人ひとりの安全や安定を保つためのスペースや保育方法の

くふうが必要となります。子どもの姿，保育者の動線を考えて，場所の設定と準備，保育者間の連携などを明らかにしておきましょう。とくに衛生面での配慮が重要な時期なので，必ず明記しておきましょう。

④予想される子どもの姿

この時期は発達が著しく，月齢差による発達の姿が大きく異なるのも特徴です。一人ひとりの発達の姿や生活のようす，特性などについて具体的に記述することが，個々に応じた保育につながります。

⑤保育者の援助・留意点

身近な大人との基本的な信頼関係を形成するたいせつな時期です。生活のあらゆる場面で，子どもの要求を敏感に感じとり心をこめて応答することが何よりも必要です。たんに「〜してあげる」のではなく，「子どもが△△できる（感じる）ように〜する」いう，子どもを主体とした援助であることを明確にしましょう。また，食事や排泄などが安定して行なえるためには，個々に応じた具体的な手順が担当者間で共有されることが必要です。生活場面での援助については，手順を詳細に記載することを心がけましょう。

⑥家庭との連携

0歳児の保育は，家庭と園での生活を合わせて子どもの姿をとらえ，その姿に応じていくことが重要です。家庭に確認することや依頼することなどを明確にしておくことで，保育所における子どもの生活の安定をつくります。

⑦指導案と保育実践のつながり

事例：ほんのひと口だけど

ごはんが苦手なNちゃん（1歳3か月）。保育士がうながしても，なかなか口にしようとしない。そこで，ほんの数粒のごはんをおかずの合間にタイミングよくNちゃんへ。思わずパクッ！「わぁー，Nちゃんごはん食べられたね」「ごはん，おいしいね」とA保育士はにっこり。それを見てNちゃんもにっこり。そんな楽しいやりとりからか，その後，A保育士を見ながらごはんに手を伸ばすNちゃんの姿が見られました。

《0歳児クラスの指導案》

10月25日　10：30～11：30

ひよこ組　　　10名（男5名　女5名）　保育者：○○○○○

1．子どもの姿

- 授乳期　A（2か月）冷凍母乳からミルク，B（3か月）はミルク使用
- 離乳初期　CとD（6か月），離乳中期　E（7か月）とF（8か月）
- 離乳後期～完了期　G（10か月）アレルギー有，HとI（13か月），J（15か月）

2．ねらい

- 発達に応じて，落ち着いた雰囲気のなかで食事を楽しむ。
- 少しずついろいろな食材に慣れる。

3．生活の流れ1（食事場面の指導案：授乳期）

時間	環境の構成と配慮	予想される子どもの姿	保育士の援助とかかわり
適宜	子どもの要求にすぐにこたえられるよう調乳室・保育室の整備をする。 ・調乳室にて、消毒液をつくる。 ＊ミルトン液80倍（哺乳瓶・マグカップ用） ＊塩化ベンザル 　100倍（机拭き→赤） 　200倍（椅子拭き→黄） 　　　（床拭き→青） 　　　（おしぼり） ・一人ひとりに応じたミルクを準備し名前を記入する。 ・1回分のミルクの粉を容器に入れておき，子どもの要求に素早く対応できるようにする。 ・煮沸消毒された，哺乳瓶，マグカップ，乳首に一人ひとりの名前を輪ゴムで付けておく。 ・ポットを洗浄し，一度沸騰させたお湯を60℃に設定しておく。	○授乳前のオムツ交換をする。 ・オムツ交換をいやがり，体をひねったり，反り返ったりする。 ・足やお腹などをさすってもらったり，あやされると「アーアー，ウーウー」と声を出す。 ○授乳をする。 ・ほぼ3時間の間隔で空腹を泣いて，訴えるようになり，哺乳量も一定してくる。(A・B) ・哺乳瓶を近づけると口を大きく開ける。哺乳瓶に手をふれながらミルクを飲んだりする。(B) ・哺乳瓶を見るとうれしそうな顔を見せる。 ・泣いて空腹を訴えるが，哺乳瓶や乳首に慣れないためいやがってあまり飲まない。(A) ・Bは全量を休まず飲むが，Aは途中で休みながら飲む。	・特定の保育士が継続的に関わり，安心して過ごすことができるようにする。 ・授乳前に必ずオムツが濡れていないかをたしかめ，快適な状態でミルクや母乳が飲めるようにする。 ・「チッコ出たね」「きれい，きれいしようか」と声をかけながら，オムツの交換へ誘う。 ・オムツ交換の際，じっとしていない子どもには，交換台からの転倒の危険を留意し，好きな遊具を手に持たせたり，ゆれる遊具を天井から下げたりして素早く行なうようにする。 ・「アンヨ，のびのび～」と手足を伸ばしたり，「おなか，なでなで」と声をかけたりしながら，体のいろいろな部位をなで，ふれあいスキンシップを図る。 ・一人ひとりの健康状態や授乳間隔，哺乳量を把握し，「飲みたい要求」に応じて満足できるまで乳汁（母乳・ミルク）が飲めるようにする。 ・授乳の前後には，子どもの口のまわりの汚れを拭きとり，あごにガーゼをあて，垂れたミルクがすぐに拭けるようにする。

・子どもの授乳時間，起床時間や排便の状態などが時差出勤する複数の担任もすぐに把握できるよう，チェックボードに正確に記入し，速やかに保育にあたれるようにする。 ・授乳の際には，手洗いをていねいにし，清潔に配慮する。 ・ソファーを準備し，授乳する保育士もゆったりと楽な姿勢で行なえるようにする。 ・冷凍母乳の場合には，1週間以内に搾乳したものを預かり，解凍時十分に清潔で衛生的に処置をする。 ・アレルギー，SIDS（乳幼児突然死症候群）や窒息事故，汚物の始末や消毒について，看護師の意見を取り入れたマニュアルなどを活用し，安全や衛生に十分配慮できるよう，職員どうしで連携を取り合う。 ・使用した哺乳瓶を洗う（殺菌庫に入れる）。	・満腹になると哺乳瓶を払いのけ，機嫌よく目覚めている。 ・授乳中に眠くなり，そのまま気持ちよく眠っていく。	・静かな環境のなかで，目と目を合わせ「おなかすいたね」「たくさん飲もうね」と笑顔でやさしい声をかけて授乳する。できるだけ右手にしっかりと抱いて，子どもの自由になる右手を握る。 ・時おり休息を入れ，話しかけたり喃語に応じたりしながらやりとりを楽しみ，子どもの満足感や発語の意欲を受けとめる。 ・ソファーなどの椅子を使用して，子どもも保育士もゆったりと楽な姿勢で行なえるようにする。 ・哺乳瓶をいやがるAには，乳首を替えたり冷凍母乳を試したりしながら，おなかがすいたときにタイミングよく飲ませることを心がけ，徐々に授乳のリズムを整えていくようにする。 ・乳首の閉め具合をたしかめ，ミルクが出る量を調整する。また，成長に合わせ乳首の穴のサイズが合っているかを子どもが飲むようすを見ながら把握し，無理なくミルクが飲めるようにする。 ・終了時には，「おなかいっぱいになったね」「また，おいしいおっぱい飲もうね」とやさしく声をかけ，満足した気持ちで終えることができるようにする。 ・授乳後は，子どもを立てて抱き，背中を下から上にさすったり，軽くたたいたりして，乳汁といっしょに飲み込んだ空気を排気（ゲップ）できるようにして，吐乳を防ぐ。 ・目覚めているときは，保育士が十分に関わって遊び心身ともに満足できるようにする。 ・仰向けに静かに寝かせ，顔色や呼吸など細やかに子どもの状態をチェックする。

4．家庭との連携

- 授乳量や時間を伝え合い，24時間の生活リズムをたいせつにしていく。（A・B）
- 離乳食は家庭と連絡を密にとりながら，無理なく進めるようにする。
- 食欲や食事の好みに偏りが現われやすい時期なので，連絡をとりあう。
- 手づかみのたいせつさや，咀嚼・嚥下のようす，援助のポイントを知らせる。
- 園で使用している食品や調理方法などを知らせ，家庭の参考としてもらう。
- アレルギー除去食については，かかりつけの医師の指示を受けながら，園と家庭が緊密に連絡をとりあう。（G）

5．生活の流れ2 （食事場面の指導案：離乳開始以降）

時間	環境の構成と配慮	予想される子どもの姿	保育者の援助・配慮
10:30ごろ～	・一人ひとりに合わせた離乳食を名前付きの専用のトレーにのせ準備する。 ・子どもが食べやすい大きさ，形のスプーンを準備する。子どもの身長に合った食卓椅子を準備し，エプロンをかける。 ・にんじんやキャベツなどのゆで汁を与え，乳汁以外の味やにおいに慣れるようにする。 ・子どもの咀嚼の状態や発達のようすを家庭や調理室に連絡し，食品を受け入れやすいようにすりつぶしたり，柔らかく（ドロドロ加減）したりなど，調理形態に配慮する。時には調理員も食事の介助をし，食材の大きさやかたさを把握する。 ・授乳後は，要求が満たされるまでミルクを飲むことができるようにする。 ・離乳食の内容や量，時間など連絡帳に記入する。 ・スプーンは，介助用と子ども用に2本用意する。 ・マグカップは，両側に持ち手のあるものを準備する。 ・取り皿を準備し，自分でスプーンを使ったり，手づかみで食べたりできるようにする。	◎発達に応じた離乳食を食べる。 〔離乳食準備期～初期（C・D)〕 ・他児や大人が食べるようすをじっと見て口を動かしたり，「アーアー」と声を出し，食べ物に関心を示す。 ・果汁を薄めたものやスープ・おもゆなどを食べる。 ・口に入った食べ物を嚥下できる位置にまで送るようになる。 ・離乳食に慣れ，すりつぶした野菜やおかゆを好みよろこんで食べる。 ・目の前にある食べ物や食器などに手を伸ばしてつかもうとする。 ・離乳食後は，欲求が満たされるまでミルクを飲む。 〔中期食（E・F)〕 ・舌と上あごでモグモグと口を動かしてつぶすようになる。 ・人見知りが激しくなり，特定の保育士以外からは食べようとしない。 ・一日2回食になり，離乳食に慣れて，味の変化を楽しむようになる。 ・食べ物を見るとよろこんで口を開けるようになり，食器や食べ物に自分から手を伸ばす。 ・保育士に手を添えてもらいながら，マグカップからミルクを飲む。	〔離乳食準備期～初期〕 ・子どもの状態を見ながら，機嫌のよい午前中に一日1回ひとさじつを目安に始め，ようすを見ながら分量をふやしていく。果汁やスープなどをスプーンで飲むことに慣れる。 ・スプーンで食べ物を下唇にのせ，「ごっくんだよ」と保育士が「ごっくん」と飲み込むしぐさを見せて，上唇が閉じ飲み込むまで待つ。 ・「おいしいね」と声をかけ，ゆったりと関わる。いやがるときは無理じいせず，少しずついろいろな食品のにおいや味に慣れていけるようにする。 ・「いっぱい食べたね」「おいしかったね」と食事の終わりを伝える。子どもといっしょに手を合わせ，「いただきます」や「ごちそうさまでした」をすることで，あいさつの習慣が身につくようにする。 〔中期食〕 ・子どものペースに合わせて離乳食を進め，「モグモグしようね」「ごっくんだよ」といっしょに口を動かしながら，噛むことや飲み込むことを知らせ，リズムをつけて食べられるようにする。 ・信頼関係ができた特定の保育士にかかわりをもとうとする気持ちをたいせつにし，「先生と食べたかったんだね」「いっしょに食べよう」とていねいに応答し，安心して食べることができるようにする。 ・手づかみで食べることを十分に経験できるようにする。自分でスプーンを持ちたがるときは，自分で食べようとする気持ちをたいせつにし，さりげなくスプーンに手を添え援助する。自分でスプーンを使って食べる満足感を味わえるように，刺して食べることができる食材に「つっくんしようか」と声をかけ，援助しながら口にもっていけるようにする。

11:20	・苦手な食べ物について園や家庭でのようすを伝え合い，調理形態（細かくする量を減らすなど）をくふうする。 ・手に持って食べやすいよう，パンやりんごなどはスティック状にする。 ・咀嚼や嚥下の状態をみながら，幼児食への移行がスムーズにいくように家庭と園，調理室と話し合いながら進めていく。 ・家庭と，牛乳に切り替える必要性と時期を話し合う。	〔後期食～完了期（G・H・I・J）〕 ・一日3回食になる。味に好みが出始め，嫌いなものは一度口にするが吐き出す。 ・こぼしながらも手づかみや，スプーンを使って食べようとする。 ・手づかみで自分から食べるが，あまり噛まずに飲み込む。 ・コップに興味をもち，自分で飲もうとするが，こぼすことが多い。 ・食事が終わると，おしぼりを持って口のまわりを拭こうとする。 ・途中で眠ってしまうことがある。 ・食事後のミルクの量が少しずつ減る。 ・牛乳の味がわかり，好んで飲むようになる。	〔後期食～完了期〕 ・食品のかたさは，歯茎でつぶせるほどのものにし，いろいろな食品に慣れていくようにする。ようすを見ながら，食べにくいものは保育士がスプーンでつぶしたり，必要に応じてミキサーで砕いたりして食べやすくする。飲み込みにくそうであれば，少しほぐしてごはんに少量をまぜるなどする。 ・スティック状の食品では，前歯で一口量を噛み切ることを意識して食べられるようにする。 ・汁物は，口の中に食べ物がないことを確認してからスプーンで飲ませる。保育士が熱くないかたしかめてから与え，与える前に「ふーっ」と冷ますようすを見せるなど，汁物の飲み方を知らせる ・苦手なものが少しでも食べられたときは，「食べられたね。おいしかったね」と言葉をかけたり，量を減らしたり，保育士がいっしょにおいしそうに食べるようすを見せ，食べたい気持ちが育つようにする。 ・一口で食べられる量をスプーンにのせて，「モグモグしようね」と言葉をかけながら保育士が子どもといっしょに口を動かし，噛むことをうながす。 ・少量ずつ飲みものを入れ，両手で持つことを知らせ，保育士がさりげなく手を添えながら，飲みやすい角度に調整し自分で飲めた満足感が味わえるようにする。 ・「きれい，きれいしようね」と声をかけ，自分で口のまわりをきれいにしようとする気持ちを，たいせつにする。 ・眠ってしまったときは，口の中に食べ物が残っていないかを確認し，残っている場合は取り出してから寝かせる。 ・体調と便の状態をみながら，無理のないように牛乳へ移行していく。

2　1歳児クラスの指導案

① 1歳児クラスの指導案の特徴

　発達差や個人差に応じた個々の保育を基本に作成します。1歳児クラスの子どもたちは，歩くことや手を使うことを獲得して行動や体験が広がるだけでなく，「自分」という意識をもちます。そして食事や排泄，遊びなどのあらゆる生活場面で，「自分で」やろうとする姿が現われます。一方，まだまだ未熟で大人の世話を必要としますし，大人とのやりとりをとおして人間関係の基礎を築く段階でもあります。これらの点に配慮して指導案を作成します。

② ねらい，内容

　1歳児の保育は，「保健的かつ安全な環境で，安心感をもち，安定した生活を過ごす」ことに加えて，「自分で行動したり表現したりする自由が保障され，自分でできることに満足し，自分を大好きな大人に認めてもらう」ことがねらいとなります。また，運動能力や日常の生活技術などを確実に体験することも必要です。

③ 環境の構成

　探索活動がさかんな時期であり，思いがけない行動をすることも多いので，安全面での配慮は欠かせません。そのうえで，好奇心や意欲をたいせつにはぐくむために，自由に行動できる環境のくふうが必要となります。また，さまざまな生活場面で見られる「自分で」を「できた！」という満足につなげるため，「ひとりでやれる」環境設定や援助をくふうしなければなりません。何よりも「おもしろそう」「やってみたい」と自分から環境に関わる気持ちを引き出す魅力的な環境づくりがたいせつでしょう。生活と遊びが一体化したこの時期には，生活の自立に必要な手指の力や身体機能を遊びのなかで高めるという視点も必要となってきます。

④子どもの姿（予想される子どもの活動）

　1歳児クラスでは，生活の流れを少しずつ理解して，自分でやろうとする姿，何にでも興味を示して関わろうとする姿のほか，ダンボール箱を電車に見立てたり，おもちゃを使ってご飯を食べる真似をしたりといった，イメージを描いて「見たてやふり遊び」を大人と楽しむ姿がよく見られます。個々の子どもの思いや発達状況を的確にとらえて保育者が関わることで，「ひとりでできる」ことだけでなく「手伝ってもらいながらひとりでできる」ことの満足感を十分に体験してほしいと思います。

⑤保育者の援助・留意点

　1歳児の保育における保育士のたいせつな役割は，子どもの主体的な行動や表現を受けとめること，「自分で」できるように援助したり導いたりすることのほかに，安心や勇気を与えたり子どもの気持ちを代弁したりすることで，「自分」をはぐくんでいくということです。その方法は言葉がけ，スキンシップ，いっしょに活動するという直接的かかわりのほか，環境や遊びの設定という間接的な形で行なわれます。また一人ひとりの行動を，ほかの子どもたちとの共感関係につなげていく役割も果たすようになります。

⑥家庭との連携

　家庭でも子どもの変化にとまどう時期であり，互いに共通理解を図りながら，子どもの理解と発達を支える必要があります。

⑦指導案と保育実践のつながり

> 事例：自分でできたよ
> 　　遊戯室で遊ぶときには，いつも気持ちが先走り，ズックを履かずにいこうとするＴちゃん（２歳２か月）今日はトイレでおしっこが出たのでご機嫌なのか，部屋を出るとＯ先生のほうへ視線を向ける。Ｎくんたちに「ぎゅ，すとん」と話しかけるＯ先生に引きつけられるように，Ｔちゃんは，ズックを手に持ってＯ先生の前に座った。「Ｔちゃんも，ぎゅー」「じょうずにはけたね〜」という声ににっこり笑ったＴちゃん。今日はＮくんと手をつないで遊戯室へ。「自分でできる」ことが快い体験となって，次の自立につながること，自分でできたという自信が視野を広げて新しい体験へとつながることを実感した場面でした。

《１歳児クラスの指導案》

　　　　　　　　　　　　　　　　　　　　　　　　　10月25日　　9：15〜11：20

ペンギン組　　　　16名（男8名　女8名）　保育者：○○○○○

1．子どもの姿
- オムツ中心の子どもからトレーニングを始めた子ども，オマルや便器で排泄できる子どもがいる。
- 保育士の手助けや言葉がけで，自分で衣類やズックの着脱をしようとする子どもがいる。
- 保育士といっしょに体を動かして遊ぶことを楽しんでいる。
- 遊具の取り合いや順番争いなど，友だちとのトラブルがあり，手を出したり噛みつこうとしたりする。

2．ねらい，内容
- それぞれの発達段階に応じて排泄をし，排泄後の心地よさを感じる。
- 保育士の援助してもらいながら，ひとりで衣服やズックの着脱に取り組み，できた満足感とまたやろうとする意欲をもつ。
- 安全で活動しやすい環境のなかで，自由に体を動かすことを楽しむ。
- 保育士といっしょにおもいきり体を動かして遊ぶ。

3. 生活の流れ1 （午前の活動　準備としての排泄）

時間	環境の構成と配慮	予想される子どもの姿	保育士の援助とかかわり
9:15	・オムツ替えマットの場所を確保し，使用に使い捨て手袋やマットの消毒用カット綿，アルコール，汚れもの入れナイロン袋をかごにまとめて入れておく。 ・排泄用マットは使用する方向を決め，目印をつけて上下をまちがえて使用しないようにする。 ・シャワー用のタオルやおけなどは，使うたびに取り替えておき，いつでも清潔に使用できるようにする。 ・着脱を自分でやってみようとする子には，体に合った高さや大きさを考慮し，安定感のある椅子やマットを用意する。椅子やマットは，使用後，水や薬品を含んだコットンで拭き，清潔を保つ。 ・オマルや便器，スリッパを清潔に保つ。スリッパは子どもに合ったサイズを選べるようにする。 ・子ども自身がパンツやオムツを取り出せるようにタンスやかごに目印をつけ，取り出しやすいようにオムツや衣類を並べて入れておく。 ・子ども自身が取りやすい場所にポケットを用意し，ペーパーを1回分ずつ切ってたたんだものを常時補充しておく。 ※ポリオ摂取時の便を扱う際の専用のエプロンなどを準備し，使用方法やオムツの廃棄方法を職員間で周知しておく。配慮する期間を明示し，オムツかごやタンスに目印をするなどして感染予防に努める。	◎排泄をする 〔オムツに排泄する時間がまちまちなころ……N美，S貴，R，M菜〕 ・保育士に誘われオムツ替えをしたり，トイレへ行こうとしたりする。 ・「チー出たね」「気持ちよかったね」と保育士といっしょに笑顔でよろこび合う。 〔排泄間隔があきトイレトレーニングを始めたころ……M，T，K太，R介，S〕 ・タイミングが合うと，トイレで排泄できる。排泄後に言葉やしぐさで知らせる。 ・オマルや便器に座るがなかなか出ない。出ると「出た」とよろこぶ。 ・遊びに夢中でトイレに行かない。 ・トイレの中で，水を流したり，手洗いをくり返したりして遊ぶ。 〔オマルや便器で排泄できるころ……N，R美，S介，T子，A，G，D〕 ・尿意を感じ，トイレへ行く・行かないをみずから言う。ひとりで便器に座る。 ・がまんしていて漏らす子がいる。 ・自分のマークを見分けてタンスやかごから，オムツやパンツを取り出す。 ・自分でズボンやパンツを脱いだりはいたりしようとする。	（全身を使って遊ぶねらいで，トイレから離れた遊戯室に移動する場合） ・「遊戯室に遊びに行くからトイレに行こうね」とできるだけ活動前に排泄に誘い，遊びが継続できるように配慮する。朝からのようすを健康管理表などでチェックし，子どもの排泄間隔を把握しながら誘う。無理じいはしない。 ・2～3人ずつトイレに誘い，排泄，パンツズボンの脱ぎ着，手洗い，手ふきと要所に保育士が関わりながら一人ひとりていねいに援助する。 ・便がゆるかったりかぶれが見られたりした場合は，シャワーで洗い流すなどして清潔を保つ。 ・オマルの下にマットを敷き，スリッパをはかなくてもできるようにする。 ・オムツ替えや排泄が終わった子どもたちから目を離さず「次は○○しよう」とわかりやすい言葉でうながし，手遊びや絵本を見るなどして楽しみながら友だちを待つ気持ちをもつように関わる。 ・遊びに夢中になっている場合は，遊びの切れ目のタイミングを見たりしばらく待ったりして，子どもの気持ちをくみ取りながら余裕もって関わるようにする。なかよしの友だちといっしょに誘いかけたり，人形や好きな遊具で誘いかけたりし，気持ちよくトイレに行けるようにする。 ・上着をたくし上げてズボン・パンツの腰の部分に子どもの指が入りやすいようにしたり，持つ部分を「ここを持ってぎゅーっとするんだよ」と言葉をかけながらいっしょに持って方法を知らせたりする。 ・子どもの手の力や動きに合わせて保育士がズボンの一部を引っ張り上げ，ひとりでできたというよろこびをもてるようにさりげなく援助する。「よいしょ，ぎゅー，ぬぎぬぎ」「足出てこい，しゅー，でたでた」など動作に擬音や簡単な言葉を添えながら，脱ぎ着に興味をもつようにする。 ・スリッパを履いたり，便器にしゃがむ際，バランスをとるためにつかまった持ったりしやすい場所を知らせ，場合によっては保育士も支えになって体を寄り添わせ，手を持つようにする。 ・排泄後，女児はペーパーの使い方，男児はしずくの切り方をそのつど知らせる。 ・「気持ち悪かったね。きれいにしよう」と即座に肌の汚れを取り，着替えをさせ，失敗でいやな気持ちにならないようにする。

4. 家庭との連携

・排泄間隔などのようすを伝えあったり，援助のポイントを知らせたりする。

・子ども自身が着脱しやすく動きやすい衣服について知らせる。

・家庭でもできる体を使った遊びを紹介する。

5．生活の流れ2（ズックを履いて移動する場面から遊戯室での活動まで）

時間	環境の構成と配慮	予想される子どもの姿	保育者の援助・配慮
	出入り口や廊下：でかける準備 ・自分の下駄箱の場所がわかるように，個人別のシールが貼られていることを確認する。 ・ズックのかかとに指を入れる輪をつけたり，マジックテープの端を少しだけはずしておいたりして，履きやすくしておく。 ・〈部屋から出る→ズックを下駄箱から取り出す→ズックを履く→歩き出す〉の流れがスムーズにできるように部屋の出入り口の環境を整える。 ・子どもが動く動線に，じゃまになるものがないか，ズックを履くスペースが確保されているか全体を見回し，事前に片付けておく。 ・ズックが履きやすいように段差のある場所や椅子を用意する。	◎ズックを履く ・自分のズックを下駄箱から取ってくる。 ・ズックを履こうとするが履きなくて保育士に履かせてくれるよう声を出したり，手渡したりして要求する。 ・はだしのまま遊戯室に行こうとする。 ・履かせてもらう場所にいく。 ・手伝ってもらうのをいやがり，自分で履こうとする。 ・部分的に手伝ってもらい履く。 ◎遊戯室へ行く ・見守られながらひとりで行く。 ・友だちと手をつないで歩く。 ・保育士と歩いて行く。	・ズックに足が入りやすいようにはき口を広げたり「ぎゅー」「はいったね」「かかとをもってね」など子どもの動きに合わせて言葉をかけながらズックを履くことを楽しみ，できたことをよろこべるようにする。 ・少人数ずつズックを履く場所に誘い，友だちのようすに興味をもたせるよう話しかけたり，いっしょに歌を歌ったりしながら待つ時間を楽しむようにする。 ・保育士は見守る視野を広げ，ズックを履いた子どもから待たずに行動できるようにもする。 ・友だちと手をつないで歩くおもしろさを味わわせたり，いっしょに歩くことができたことをほめたりしながら，ひとりではなくだれかと行動することをくり返し楽しむようにする。 ・手をつなぐ友だちと歩行の差が大きすぎて困らないようときには相手を選んで誘ってみる。 ・保育室や遊戯室だけではなく，廊下や玄関，ポーチなども子どもたちの遊びの場と考え，ほかの年齢の子どもの声や歌を聞いたり，廊下にある飾りや展示してある作品を見ながらその場ごとに形や色，雰囲気を言葉にして知らせたりしていっしょに楽しむ。
	遊戯室の設定 ・前日や朝のうちに子どもの発達に合わせた巧技台の高さや段の数を用意しておき，子どもたちのようすを見ながら，いつでも補充できるようにしておく。 ・硬い素材の角はタオルやスポンジなどで補強し使	◎好きな遊びをする トンネル，すべり台，ろく木，トランポリン，大型積み木，ボール，フープ，ゆらゆら橋，サーキット遊び，歩く，走る，縄遊びなど。 ◎誘われて遊ぶ（保育士や	・保育士どうしがお互いに子どものその場の人数や見守る範囲など声をかけ合い，安全な環境のもとで子どもたちの自由な行動を保障する。 ・歩くことを楽しんだり，転んでも自分で起き上がれることをいっしょによろこび，歩く励みにする。 ・子どもの動きや集団の流れ，遊び方を見ながら保育士がそのつど必

	用前に点検する。トランポリンやすべり台の下にマットを敷いたり、遊具の安定感をたしかめたりして安全に留意し、保育士の立つ位置も考えながら設定する。 ・子どもがつまずいたり転んだりしてもけがをしないように遊具と遊具の間隔を十分にとる。 ・遊戯室内で静と動の遊びができるように場所の設定や保育士の配置など環境を整える。 ・いろいろな体の動きをおもいきり楽しめるように遊具を設定する。 ・使用するCDなど遊びに必要なものを準備しておく（風船や風呂敷、ダンボールや新聞など、いろいろな素材を十分に用意しておく）。	友だちといっしょに） 集団遊び：追いかけ遊び 　　「おおかみさん」 　　「あぶくたった」 体操：「アンパンマン体操」 　　「どすこい体操」 手遊び・ふれあい遊び 新聞や風船、風呂敷やダンボールなどいろいろな素材にふれて遊ぶ。	要と思われる場所に移動し、子どもたちと関わったり見守ったりする。 ・遊戯室内に歌や軽快な音楽または体操の曲を流し、リズムに合わせて体を動かすことで、楽しい雰囲気をつくる。 ・保育士と追いかけあう、くすぐりあう、抱き上げられるなど、できるだけふれ合いを多くもてるようにする。 ・一人ひとりに心を寄せ、表情を読み取って笑いかけたり、声をかけたり、手をつなぐなどしていつでも子どもの要求にこたえられるようにする。 ・リーダーが全体を把握して活動の流れをうながし、子どもの興味を引きつけながら体操や集団遊びへの展開を行なう。 ・集団に入らず好きな遊びに集中している子どもには無理に誘いかけず、見守りながらひとり遊びを十分に楽しむことができるようにする。 ・月齢や発達に大きくちがいがある場合は、危険のないよう遊びのなかで保育士が仲立ちとなる。 ・ひっかく、たたく、かむなどのけんかや危険な行為はすぐにやめ、相手の子どもがけがをしないようにする。「～したかったのかな」と子どもの気持ちをくむ言葉をかけ、「○○するんだよ」と正しい行動を簡単な言葉や態度で知らせる。
11:20			

3 2歳児クラスの指導案

①2歳児クラスの指導案の特徴

2歳児クラスになると，「〜するつもり」と自分の思いに見通しをもつようになるので，一人ひとりの行動が「活動」としてのまとまりをおびてきます。基本的な生活習慣の自立や言葉の急速な発達を背景に，生活場面や友だちとのかかわりなどで幼児期の姿に少しずつ近づく2歳児クラス。指導案は，個々の姿にそうだけでなく，友だちといっしょにまたはクラスとして経験する内容を反映できるように配慮していきます。

②ねらい，内容

「十分に自分を発揮できるようになること」「基本的な生活に必要な行動を自分で行なえるようになる」ことがねらいになります。しかしまだまだ自立の途上であり，不安や経験不足が大きい時期でもあります。保育者が個々にていねいに関わることで，安心して自分を発揮しようとしたりひとりで行動しようとしたりする姿をたいせつにしていきます。

③環境の構成

動きがますますダイナミックになると同時に，手指の機能が発達し，手を使った遊びに集中したりハサミなどの道具を使ったりできるようになります。またイメージを豊かにもって遊ぶことができるようになり，ままごとやヒーローごっこなどで友だちとかかわりをもつようになってきます。このような子どもたちの思いが実現できるように，場所の設定や用具の準備を行なっていきます。
　生活の自立が進む時期なので，食器の片付け方，服のたたみ方や帽子のかぶり方など，それぞれの行動について，子どもがわかりやすい手順や手がかりをていねいに示すことも，重要な環境上の配慮となります。

④予想される子どもの活動

「自分」にこだわる時期とはいっても，自分でできない場合の悲しさやくや

しさを多くの場面で経験しています。また，自分でできても甘えたい気持ちが大きいので，子どもの心はゆれ動き日々の姿も大きく変化します。そのうえ保育士との葛藤やほかの子どもとのトラブルなど，一時的に不安定な心の状態も多く経験するようになります。幼児期に近づいたといっても，まだまだ個々に対するかかわりが基本となる時期です。一人ひとりの発達や特性に照らして，多様な姿を予想しておくことが，実際の保育場面でのゆとりをもった対応につながります。

⑤保育者の援助・留意点

自立と甘えにゆれる2歳児。「やって〜」に「ひとりでできるでしょ」ではなく，「先生が見ててむずかしいところは助けてあげるから，やってみて」など，子どもの「今」の気持ちをしっかりと受けとめ，子どもとやりとりをしながら援助していきたいものです。自分の思いを主張することで起こるトラブル場面でも，保育者が子どもの気持ちに共感したり代弁したりすることで子どもは安心し，保育者とのやりとりをとおして自分の気持ちに折り合いをつけたり，社会のルール，他者との交渉術を学んだりしていきます。子どもが自分でできたことを実感するための見えない援助と子どもの内面を育てるための積極的援助（やりとり）を心がけます。

⑥家庭との連携

自立にむけて，家庭との一体的取り組みがたいせつな時期です。

⑦指導案と保育実践のつながり

事例：クッキングおいしそうだったね

ままごと野菜を切ってお皿に載せて差し出すMちゃん。「おいしそうね〜」の保育士の声に，「カレーライスです」とM。「先生，りす組さんのカレー見てから，ずっと食べたかったの」と保育士がいうと，近くにいたO君とSちゃんは「フルーツサラダもあります」と声をそろえる。昨日，以上児クラスで行なわれたカレークッキングのようすを見にいったときのことを思いだしたらしい。

> 「フルーツ当番さん，お願いします」というと，はりきって動き始める。友だちとの共通体験が，共通のイメージとなって遊びを導き，友だちとの関係をつくり出す。そのプロセスをつなぐのが保育士なのだと感じる場面でした。

《2歳児クラスの指導案》

　　　　　　　　　　　　　　　　　　10月24日　9：40〜11：20

ねこ組　　　16名（男8名　女8名）　保育者：○○　○○

1．子どもの姿
- 楽しかった経験を保育士や友だちに「昨日，○○したよ」と言葉で伝えようとする。
- 「まぜて」「いいよ」などの言葉を使いながらなかよく遊ぶが，思いどおりならないと泣いて訴えたり，「先生，○○ちゃん貸してくれん」と助けを求めたりしてくる。
- 友だちの遊んでいるようすをじっと見ている子，自分で遊びを見つけて集中する子，友だちにつられて動く子など，それぞれの遊び方を楽しんでいる。

2．ねらい，内容
- ごっこ遊びをとおして友だちといっしょに遊ぶ楽しさを知る。
- 生活や遊びのなかで保育士や友だちと言葉のやり取りを楽しむ。
- 指先を使った遊びをくり返し楽しむ。

3．生活の流れ（午前の好きな遊びをする時間）

時間	環境の構成	予想される子どもの活動	保育者の援助・配慮
9:40	＊選んだ遊びに集中し，楽しむことができる十分な場所（コーナー）や席を用意する。 ・片付けの場所は，子どもの手の届く高さに設定し，置き場所にマーク（写真）をつけて出し入れしやすいようにする。 ［図：ままごと／ブロック，ミニカー／パズル・粘土］	◎室内遊びをする ・自分で好きな遊びを選んで遊ぶ。 （切る・貼る・折る・あけうつし・紐とおし・パズル・粘土・絵を描く・絵本を見るなど） ・使ったものを元の場所にもどす。	・子どもの興味や発達に合わせて，自由に選んで遊べる環境と教具，教材を用意する。 ・遊びを選べない子どもや，友だちの遊びをじっと見ている子どもには，「先生といっしょに○○をやってみよう」「○○ちゃんもしてみる？」と，遊びを紹介したり誘いかけたりして，遊びに取りかかるきっかけをつくる。また「○○楽しそうだね」と子どもの気持ちに共感しながら，みずから遊び始めるタイミングを待つ。 ・子どもの新しい興味をそぐことがないように，ようすを見ながら，遊具を元の場所にもどすように声をかける。
	・よく切れるはさみ，左利き用のはさみを用意する。紙は，厚さや形（1回で切れる細さ，直線，波線や丸など連続切りができる形を描いたものなど）に配慮し，いろいろな種類をくり返し経験できるよう十分な数を用意する。 ・はさみと切り紙を入れるトレーや，切り紙・折り紙などのできた作品を入れる袋を用意する。 ・その他の遊びの設定 　あけうつし……遊びが満足できるような材料（素材）や量，容器の種類 　パズル……個々の要求と成長に合ったピース数 　粘土……使用前に柔らかくしておく。型押しやナイフなどの準備。	（切る） ・はさみで1回で切り落とせる短い直線にそって紙を切ったり，直線・曲線などの形にそって連続切りをしたりする。 ・「もう1回する」とくり返し遊び，友だちや保育士に見せる。 ・切った作品は，袋に入れて持ち帰る。	・片付けに気持ちへと気持ちが変わりにくいSには，早めに片付けの時間を知らせ，遊びの切り替わりを見て片付けをうながすようにする。 ・くり返して遊びを楽しむことができるように，個々の発達に合った扱いやすさ，子ども自身がやってみたいと感じる姿をとらえて遊具を選び，提供する。 ・いくつもの遊具や教具を出すのではなく，集中して遊ぶことのできるものを子ども自身で選び，遊んだ満足感を得て次の活動にうつることができるように，ひとりの空間と時間を確保する。 ・はさみの持ち方や切り方がわからない子には，はさみや紙の持ち方を知らせ，保育士が「チョッキン」と言葉を添えながら紙を切って見せる。 ・「切れた」「できた」という子どもの気持ちを受けとめ，「切れたね」「じょうずにできたね」とその子の〈できてうれしい気持ち〉と〈や

＊遊びが楽しめるように，畳コーナーのスペースを広くとる。 ・ごっこ遊びの展開などを考慮し，遊具を用意し設定する。 　　ままごと……切ったり，つないだりできるままごとの食材 　　流し台・冷蔵庫・レンジ，茶碗，包丁，箸，鍋，お盆，ローテーブル，エプロン，三角巾など 　　買いもの……買いものかばん，財布，携帯電話など 　　人形遊び……人形，ぬいぐるみ，洋服，ベッド，布団，おんぶ紐など ・身だしなみコーナーのケープやくし，ブラシなどは，衛生面に配慮しながら用意する。 ・さまざまな形や大きさの化粧品の空き容器を用意する。 ・線路を連結したり，長くつなげたり高く積んだりできる場所の確保をする。	◎ごっこ遊びをする。 【ままごとコーナー】 ・友だちや保育士と，またはひとりで，キッチンで野菜を切ったり，洗ったり，「どうぞ」「いただきます」と言いながら料理をつくったり食べたりしてごっこ遊びをする。 ・「いってきま～す」「ただいま～」「○○買ってきたよ」と保育士や友だちと話しながら，かばん・財布・携帯でんわなどを持って買いものごっこをする。 ・人形やぬいぐるみを赤ちゃんに見たて，人形に話しかけたり，布団をひき寝かせたり，おんぶや洋服の着替えをしたりする。 ・鏡台の前に座り，髪の毛をとかしたり化粧品の空き容器で化粧をしたりして見たて遊びをする。 【連結列車，ブロック，ミニカーなどであそぶコーナー】 ・友だちといっしょに同じ遊具（ブロックや線路など）で遊ぶ。 ・片付けをはじめる。	り遂げた満足感〉を共有するとともに，「家の人にも見せてあげようね」と，切った紙（作品）をたいせつにして袋に入れることを知らせ，またやってみようとする気持ちがもてるようにする。 ・保育士もいっしょにごっこ遊びに加わり，個々のイメージをたいせつにしながら，その気持ちを共有し，ほかの友だちにも伝えたりして，保育者や友だちとの言葉のやり取りを楽しむことができるようにする。 ・子どもの言葉をていねいに受けとめながら，話やイメージがふくらむように保育者が問いかけたり，提案したりする。 ・友だちとうまく関わることのできない子どもには，保育者がいっしょに参加し，参加のしかたを見せたり，相手の気持ちやその子の気持ちを代弁したりすることで，友だちといっしょに遊ぶ楽しさを感じることができるようにする。 ・ごっこ遊びが楽しくなるように，身に着けるものを用意する。エプロン・三角巾などは，紐をゴムやマジックテープにし，ひとりで身に着けやすくしたり，できないところはさりげなく手伝ったりして，遊びたい気持ちを中断しないようにする。 ・生活や遊びのなかで，保育士といっしょに経験したことや見たことを真似ながら，ねじる，はめる，髪をとかすなどいろいろな生活経験が理解できるようにする。 ・子どもがつくったものやでき上がったものをいっしょに見て，ともに感動したりよろこび合ったりすることによってその子の活動（遊び）を認める。

			・連結や組み立てなど，できないところはさりげなく手を添え，自分でできた満足感がもてるようにすると同時に次の活動への自信・意欲につなげる。 ・遊具の取り合いになったときは，一人ひとりの気持ちを受けとめながら保育士といっしょに「かして」「いいよ」「待っててね」などの言葉を言ったり，保育士が言葉を添えたりして，待つ・ゆずるなどの簡単なやり取りができるようにする。 ・お互いの気持ちが伝わらないときは，保育士が言葉を補って代弁するようにする。

〈個別配慮〉
・S子　ほかの子どもと関わろうとせず，ひとりで遊ぶことを好む。S子の気持ちを受けとめようすをみながら，保育士が1対1で関わり，少しでもやりとりを楽しめるようにする。S子がほかの子どもとのかかわりをいやがる理由を考え，落ちついて遊べる環境などのくふうをする。家庭での状況を聞き，家族と話し合う機会をもつ。
・T介　妹の誕生で少し不安定になっているせいか，友だちへの攻撃も見られる。T介の甘えを受けとめることができるように，保育士の声がけやスキンシップを中心にしたかかわりを心がける。

4．家庭との連携

・自分でやりたいという発達の姿，園でのようすを伝え，家庭でも，子どもの意欲をたいせつに関わってもらえるようにする。
・言葉でのやり取りを楽しんでいる姿を知らせて，会話のきっかけづくりをする。

［注記］本章の指導案については，富山国際学園福祉会にながわ保育園で作成したものを，筆者のほうで改変したものである。

コラム3
3歳未満児に適した遊び

　この時期の子どもたちにとって，遊びは生活そのものであり，遊びによって生活に必要な力を身につけていきます。その原動力は，子ども自身の好奇心や意欲ですが，最も基盤にあるのは大人と子どもとのかかわりです。3歳未満児では，子どもが大人に共感してもらったり，ふれあったりしながら情緒的な交流をはぐくむ遊びが最もたいせつになります。

　また，運動機能の発達が著しい時期でもあります。体全体を動かしながら，歩く・走る・跳ぶなどの機能やバランスよく動く機能を発達させる遊び，手指を使うことで巧緻性を高める遊びを体験できるようにしましょう。

　1歳後半以降，とくに育てたいのは，日常の生活を「見たて・つもり」を使って再現する遊びです。ごっこ遊びにつながるこの遊びは，イメージするという知的な活動をとおして，保育者や友だちとやりとりを楽しみながら，言語や社会性の発達をうながします。

①情緒的な交流をはぐくむ遊び

　わらべうた遊び，いないいないばぁなどの隠れ遊び

　手遊び・ふれあい遊び，ちょうだい・どうぞ，絵本など

②全身運動や手指の機能を高める遊び

　段差や坂，押し車や乗用の車。ブランコ。追いかけ遊び。

　握る・引っ張る，つまむ・回すなどの手指の機能を使うおもちゃ。

　型はめやぽっとん落とし，ひも通しなど目と手を協応するおもちゃ。粘土など

③見たて・つもり遊び

　まねっこ遊び。生活をイメージしやすい用具（ままごとの食器や調理台など，買いものバックや鏡，化粧びん，人形やぬいぐるみ，布団など）。電車や車と線路。ヒーローになりきるための道具。

これらの活動を楽しむコツは，次の2つです。

・視覚や聴覚，肌さわりが魅力的な用具を選ぶこと。

・大人が遊びに少し変化をつけること。

大きな変化は不安につながる時期ですが，ちょっとだけ違うことをすぐに発見して楽しめる時期でもあります。いろいろとくふうしてみてください。

第4章 3歳以上児クラスの指導案

　3歳児から就学前の子どもにとっては，集団生活が大きな意味をもっています。この時期は，「自分の世界（個の生活）」から「みんなの世界（社会生活）」へと移行する時期だといってもよいでしょう。まず保育者との信頼関係をつくることから始め，保育者が仲立ちとなりながら友だちとの関係を培い，友だちどうし互いの考えを受け入れ合って同じ目的に向かって活動することができるように援助していくことがたいせつです。

　また，いろいろなものへの興味・関心が旺盛になる時期なので，子どもが自分から環境に関わっていろいろな経験を積み重ねていくことができるよう，環境の構成にもくふうが必要です。

ポイント1
一人ひとりの発達の状況に応じて，友だちとの関係，集団性の育ちをていねいにつむいでいきましょう。

ポイント2
自分から関わっていろいろな経験ができるような，興味・関心がわく環境を構成しましょう。

ポイント3
植物や動物など生命あるものとのふれあいをとおして，季節の変化や生命の尊さにも気づくように導きましょう。

ポイント4
さまざまな感情を体験し，互いに思いや考えを伝え合うことができるように援助しましょう。

1 3歳児クラスの指導案

① 3歳児クラスの指導案の特徴

3歳児は，これまでの生活環境などにより，一人ひとりの発達状況に大きなちがいがあります。自分でしようとする気持ちは強くなってきますが，一人ひとりできることのレベルが違うので，自分でできたという満足感をたいせつにしながら，個人差に応じて自立へと援助していくことが重要です。

3歳児は，まだ自分のことが中心で，他の幼児やまわりの状況などを客観的に見ることはむずかしいようです。まず，安心して自分の気持ちを十分に発揮することができるように，保育者との信頼関係を築き，友だちといっしょに遊ぶ楽しさに気づいていくよう援助していきたいものです。

また幼稚園では，入園前の家庭での生活から集団生活へと大きな変化があるので，家庭との連携を密にし，家庭的な雰囲気のなかで集団生活を始めることができるような配慮が求められます。

② ねらい，内容

入園・進級当初は，新しい環境に慣れ安心して生活することがねらいとなります。園生活が安定すると，園の遊具や用具などに興味をもって自分から関わって遊ぶ楽しさを味わうようになります。また，友だちといっしょに遊ぶ楽しさに気づき，3歳児なりに自分の思いや考えを伝え合っていっしょに遊ぼうとするようになります。具体的には，次のようなねらい，内容が考えられるでしょう。

○園の生活に慣れ，安心して過ごす。
・園での生活のしかたを知る。
・先生に親しみをもって関わる。
○保育者や友だちに親しみをもち，好きな遊びを楽しむ。
・先生や友だちといっしょに，好きな遊びを見つける。
・砂，土，泥などの身近な素材にふれて遊ぶ。

○身の回りのことを自分でしようとする。
・登降園時の持ち物の始末や遊びの片付けなどを，自分なりにやってみる。

③環境の構成

　3歳児，とくに年度初めのころは，一人ひとりが安定して生活することがねらいとなるので，受容を心がけ，一人ひとりが安心感を得ることができるように，保育者自身が環境であることを意識して環境を構成しましょう。物的環境では，自分のやりたい遊びを十分に楽しむことができるよう数を確保したり，じっくりと遊べるように十分な時間をとったりすることがたいせつです。

　また，3歳児なりに「みんなでいっしょに遊ぶと楽しい」という経験ができるような遊びの体験も重要なので，年度後半には，ゆったりとした雰囲気のなかで集団遊びを体験できる環境も構成したいものです。

④予想される子どもの活動

　3歳児は個人差が大きく，さまざまな遊びに興味をもつことが予想されますが，とくにイメージを表現する遊びを好むことが多いようです。体全体を使い，なりきって表現する表現遊びやごっこ遊び，素材の感触を十分に味わうことができる砂・土・水遊び，ブロックや積み木遊び，粘土遊び，ブランコやすべり台などの固定遊具遊びなどがよく観察されます。

　集団で楽しむ遊びとしては，簡単なルールの鬼遊びや伝承遊び，ゲーム遊びや，絵の具遊び，歌遊びなどが考えられますが，個人差が大きい時期なので，ゆったりとした雰囲気のなかで一人ひとりが興味をもって遊ぶことができるよう時間的にも保育者の姿勢にも余裕が必要でしょう。

⑤保育者の援助・留意点

　子どもは視覚的な要素が入っているものに興味・関心をいだきやすい傾向があります。たとえば遊び方の説明をする場合，言葉だけの説明では理解するこ

とがむずかしいので，絵や実物などを用いると保育者の話に集中し，話の理解にもつながることが多いようです。遊びへの意欲を高める場合にも，視覚的なくふうをするとより効果的です。

　また，自分中心でまわりの状況が視野に入っていないこともあるので，安全面への配慮は欠かせません。

　さらに，集団生活を初めて経験する幼児の場合は，全体へ向けての対応では自分のことだと意識することがむずかしいので，個別の対応が必要です。

⑥指導案と保育実践のつながり

　指導案をもとに保育を行なった日はあいにくの雨模様だったので，室内での活動になりました。スタンプ遊びのようすを簡単に紹介します。

〈事例：スタンプ遊び〉

　A男がひとりで折り紙をして遊んでいる。A男がとりあえず折り紙をしているように感じた保育者は，「A男くん，この間みんなで掘ったサツマイモでおもしろいことできるんだよ！」と，A男を誘ってスタンプ遊びを始めた。するとそこへブロック遊びをしていたB男，C男，D男たちが「何してるの？」とやってきた。クッキーの型でサツマイモを型抜きし，スタンプ台で色を付けて画用紙の上で押すと形が写ることを伝えると，それぞれに好きな型を使ってスタンプ遊びを始めた。「お星さまできた！」「私はハート！」……など，自分のつくった形や友だちの形を見せ合ったり交換したりしていた。A男もB男やE子たちといっしょに，うれしそうな表情で遊んでいた。

⑦遊びや活動の発展

　この日は初めてスタンプ遊びの環境を構成したので，赤色１色だけスタンプ台を用意しましたが，その後いろいろな色を使って遊んだり，スタンプを押した紙をお店やさんごっこの袋や品物（洋服）などに活用したりしました。

《3歳児クラスの指導案》

　　　　　　　　　　　　　　　　　　　　日　時　10月17日（水）
　　　　　　　　　　　　　　　　　　　　保育者　○○　○○

1．子どもの姿（○○組　男児10名，女児6名　計16名）
・入園前に集団生活の経験のある子どもが4名（男児3名，女児1名）いる。ほかの子どもは家庭からの入園であり，そのうち男児1名は9月に入園してきた。9月入園の男児は，少しずつ集団生活に慣れてきてはいるが，ひとりで思いのままに行動することもあり，配慮が必要である。
・2学期になり，運動会も経験して，3歳児なりに"がんばった！"という成就感を味わった。友だち関係の面でも，気の合う子どもどうし誘い合って遊ぶ姿が見られ，広がりが感じられる。しかし，まだ大人との1対1対応を求める子どもや，友だちの遊びを見ていて自分からは声をかけられない子ども，あまり友だちとのかかわりを求めずにしたい遊びをする子どもなどもいる。
・室内遊びでは，男児はブロック遊びや積み木遊び，女児はお母さんごっこや折り紙を好んでしている。戸外では，男女児ともに砂・土遊び，シャボン玉，バッタやコオロギ探し，固定遊具遊びなどをして元気に遊んでいる。戸外で遊ぶことが大好きな子どもたちであるが，戸外で遊ぶことをいやがり，保育室で折り紙をしていることが多い子どももいる。秋になってバッタやコオロギなど小動物への関心が高まり，少しずつ戸外へ出ることもふえてきた。

2．ねらい，内容
　○気の合う友だちといっしょに，秋の自然にふれながら遊ぶことを楽しむ。
　　・登園後の身支度や着替えなど，簡単な身の回りのことを自分でする。
　　・気の合う友だちといっしょに，好きな遊びを見つけて遊ぶ。
　　・思ったことや感じたことを先生や友だちに伝える。
　　・収穫したさつまいもや拾った木の実・木の葉を使って遊ぶ。
　　・バッタやコオロギなど，戸外に出て秋の小動物にふれて遊ぶ。

3．中心となる活動
　秋の自然にふれていっしょにあそぼう！（好きな遊びをする）

4．予想される生活の流れ

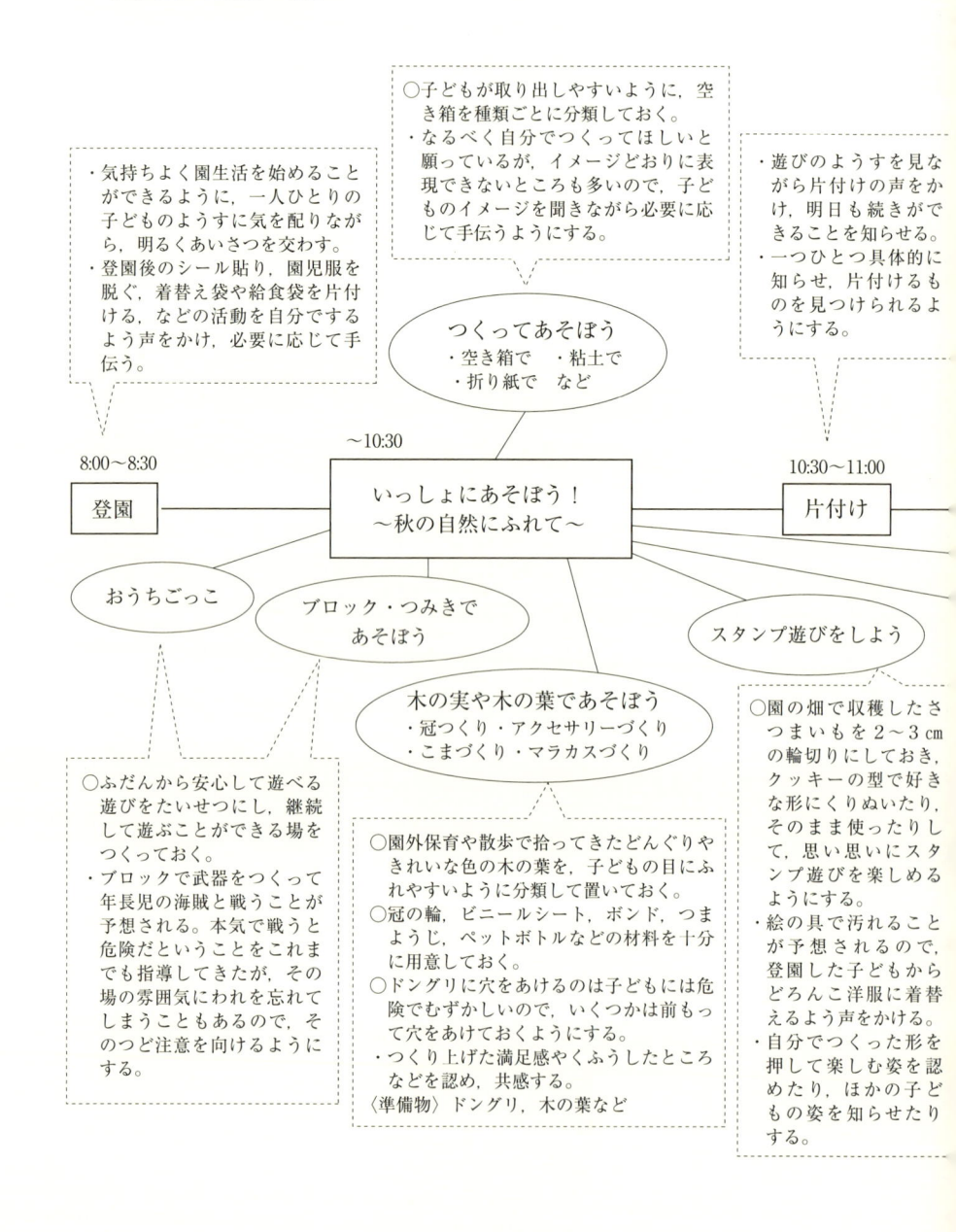

8:00～8:30 登園

・気持ちよく園生活を始めることができるように，一人ひとりの子どものようすに気を配りながら，明るくあいさつを交わす。
・登園後のシール貼り，園児服を脱ぐ，着替え袋や給食袋を片付ける，などの活動を自分でするよう声をかけ，必要に応じて手伝う。

～10:30 いっしょにあそぼう！～秋の自然にふれて～

つくってあそぼう
・空き箱で　・粘土で
・折り紙で　など

○子どもが取り出しやすいように，空き箱を種類ごとに分類しておく。
・なるべく自分でつくってほしいと願っているが，イメージどおりに表現できないところも多いので，子どものイメージを聞きながら必要に応じて手伝うようにする。

おうちごっこ

ブロック・つみきであそぼう

○ふだんから安心して遊べる遊びをたいせつにし，継続して遊ぶことができる場をつくっておく。
・ブロックで武器をつくって年長児の海賊と戦うことが予想される。本気で戦うと危険だということをこれまでも指導してきたが，その場の雰囲気にわれを忘れてしまうこともあるので，そのつど注意を向けるようにする。

木の実や木の葉であそぼう
・冠つくり・アクセサリーづくり
・こまづくり・マラカスづくり

○園外保育や散歩で拾ってきたどんぐりやきれいな色の木の葉を，子どもの目にふれやすいように分類して置いておく。
○冠の輪，ビニールシート，ボンド，つまようじ，ペットボトルなどの材料を十分に用意しておく。
○ドングリに穴をあけるのは子どもには危険でむずかしいので，いくつかは前もって穴をあけておくようにする。
・つくり上げた満足感やくふうしたところなどを認め，共感する。
〈準備物〉ドングリ，木の葉など

スタンプ遊びをしよう

○園の畑で収穫したさつまいもを2～3cmの輪切りにしておき，クッキーの型で好きな形にくりぬいたり，そのまま使ったりして，思い思いにスタンプ遊びを楽しめるようにする。
・絵の具で汚れることが予想されるので，登園した子どもからどろんこ洋服に着替えるよう声をかける。
・自分でつくった形を押して楽しむ姿を認めたり，ほかの子どもの姿を知らせたりする。

10:30～11:00 片付け

・遊びのようすを見ながら片付けの声をかけ，明日も続きができることを知らせる。
・一つひとつ具体的に知らせ，片付けるものを見つけられるようにする。

| □ 幼児の活動 　　○ 予想される幼児の活動 　　⬚ ○環境構成・援助 |

- さつまいも掘りの経験から，毎日「やきいもじゃんけん」を楽しんでいる。今日も「やきいもじゃんけん大会」をすることを知らせ，自分が負けても友だちを応援できるよう，励ましたり言葉をかけたりする。

- 用便，手洗いなどを忘れないよう声をかける。
- 一人ひとりの食欲や好みに応じて量を調節する。
- 嫌いなものも少しずつ食べるよう励ます。

- 着替え，持ち物の片付けなど，なるべく自分でするよう励ますが，必要に応じて手伝う。
- みんなで歌を歌ったり，絵本を見たりする時間をもつ。
- 一人ひとりとていねいにあいさつを交わすようにする。

11:00〜11:20	11:20〜12:30	12:30〜13:00
やきいもじゃんけん大会	給食	降園準備・降園

（バッタやコオロギ，カエルをさがそう）

（砂や土にふれてあそぼう
・宝探し　・かき氷やさん
・土だんごづくり　・ごちそうづくり）

- ○自分の虫かごや網を取りやすいように，場所を決めてかけておく。
- ・虫に興味があってもさわれない子どもや，なかなか見つけられない子どももいるので，保育者もいっしょに探したり，つかまえたりする。
- ・これまでに虫やカエルを死なせてしまった経験を思い出させるような言葉がけをし，虫やカエルに対してもやさしい気持ちをもつことができるように援助したい。

- ・年長児の海賊ごっこの影響を受けて，宝探しごっこに興味をもってきた。子どもといっしょに宝を埋めたり，砂のなかから宝を探したりして，イメージを共有したい。
- ○水たまりに沈殿した土をチョコレートと呼んで集めたり，だんごづくりをしたりしている子どもがいる。前日に水を流すなどして，"チョコレート"をつくっておくようにする。
- ・絵の具で色水をつくり，砂にかけてかき氷やさんごっこを楽しんでいる。保育者も客になって参加しながら，いっしょに遊びを楽しみたい。

2 4歳児クラスの指導案

① 4歳児クラスの指導案の特徴

　4歳児は，友だちへの関心が強くなり，気の合う仲間どうしでいっしょに活動することを好むようになります。しかし自分中心なところも抜けきらず，友だちといっしょに遊びたいけれども，自分の思いどおりに遊びを展開したいという気持ちもある葛藤の時期です。自分の気持ちを相手に伝え，相手の思いも受けとめるということをたいせつに考え，互いの気持ちがぶつかり合う機会を他者の気持ちに気づいていくことができる場ととらえて指導していきたいものです。そして，時には自分の気持ちを抑えたりがまんしたりすることも必要であることを学び，友だちといっしょに協調して遊んだり生活したりするようになってほしいと思います。

②ねらい，内容

　4歳児クラスでは，気の合う友だちとの仲間関係をつくっていく過程が重要です。まず自分の気持ちを表現し，相手に伝え，そして相手の思いにも気づくことができるような育ちが期待されます。具体的には，次のようなねらい，内容が考えられるでしょう。

　○気の合う友だちといっしょに好きな遊びを楽しむ。
　　・友だちといっしょに，したい遊びを見つける。
　　・砂，土，泥など，いろいろな素材にふれて遊ぶ。
　　・友だちや保育者に自分の気持ちを伝える。
　○互いに考えや思いを出し合いながら，友だちといっしょに遊ぶ楽しさを味わう。
　　・自分の考えを伝えたり，友だちの意見を聞いたりする。
　　・つくったり試したりしながら，遊びのイメージをふくらませる。
　　・身近な素材で遊びに必要なものをつくる。　　　　　　　　　など

③環境の構成
　友だちとのかかわりを深めていくためには，仲間どうしで共通のイメージをもつことのできる場や，友だちといっしょに遊びに必要なものをいつでもつくることのできる環境を構成しておくとよいでしょう。また，遊具や用具の数・量を少なめにして，相手の気持ちに気づいたり，どうしたらみんなが楽しく遊ぶことができるか考えたりできるようにすることも必要でしょう。
　仲間意識が強くなると，力関係が固定化することがあります。遊びや生活のなかに，意図的にいろいろな集団の形態を取り入れ，友だち関係を広げていくようにしたり，仲間どうしの遊びのなかで一人ひとりが自分らしさを発揮しているかという視点で集団を見つめ直したりしていくこともたいせつです。

④予想される子どもの活動
　キャラクターごっこ，お家ごっこなど，気の合う友だちと共通のイメージをもってごっこ遊びをしたり，砂場で山や川をつくったりと，友だちとかかわりながら遊びを進めていくことが多くなってきます。また，体全体を使った遊びも好みますが，折り紙や製作遊びなど，手先や用具を使った遊びもじょうずになります。泥だんごづくりなどでは，自分なりのめあてをもって長時間じっくりと取り組む姿も見られるので，自分で納得するまで取り組むことのできる時間的余裕を確保したいものです。

⑤保育者の援助・留意点
　4歳児は，友だちとのかかわりが重要なポイントになります。自己主張が強く自分の思いどおりに遊びを進めてしまいがちな子どもには，友だちの気持ちに気づくことができるよう援助し，なかなか自分の思いを表現できない子どもには，気持ちを受け入れたり励ましたりしながら自分の気持ちを言葉で伝えることができるように援助するなど，互いの思いを伝え合うことができるような援助がたいせつです。互いの思いがぶつかってけんかになることもありますが，

相手の思いを伝えたり仲立ちしたりして，けんかを相手の気持ちに気づくことのできる機会ととらえ，ていねいに対応することが，自分たちで解決していこうとする力につながります。

⑥指導案と保育実践のつながり

指導案の「貨物列車ごっこ」は，実習生が行なった活動です。実際の保育の場面よりも保育者が多かったためか，保育者の役割分担もスムーズで，楽しい雰囲気のなかでルールを守って遊ぶことができました。

〈事例：貨物列車ごっこ〉

> クラスの友だちといっしょにルールのある遊びを楽しむというねらいをもって，「貨物列車ごっこ」というじゃんけん遊びを行なった。じゃんけんに負けたらうしろにつながっていくという簡単なルールだが，負けてもうしろにつながるのをいやがる子どもがいると予想して，遊びを進める役割の保育者，ルールを守らない子どもやじゃんけんの相手が見つからない子どもに対応する保育者，ピアノを弾く保育者と，役割を明確にして保育に臨んだ。
> 実際に遊び始めると，ピアノの曲に合わせて元気に歌を歌いながら動き，とまどっている子どもへの対応もしっかりできて，クラスのみんなでルールを守って楽しく遊ぶことができた。

⑦遊びや活動の発展

この日，クラスの友だちみんなでふれ合って遊んだことで，それまではあまりいっしょに遊んだことのなかった友だちとも親しみが増し，友だち関係が少し広がったように感じました。

《4歳児クラスの指導案》

　　　　　　　　　　　　　　　日　時　2月5日（火）
　　　　　　　　　　　　　　　　　　　10：50～11：30
　　　　　　　　　　　　　　　場　所　遊戯室
　　　　　　　　　　　　　　　保育者　○○　○○，○○　○○
　　　　　　　　　　　　　　　　　　　○○　○○，○○　○○

1．子どもの姿（○○組　男児14名，女児14名　計28名）
　・男児・女児ともに明るく元気な子どもたちである。天気のよい日には寒さにもまけず元気に外に飛び出し，雪遊びをして遊んでいる。しかし季節的なこともあり，室内で遊ぶことが多くなっている。
　・2～3人のグループで遊んでいる子どもが多く，気の合う友だちどうし，誘い合って遊んでいる。しかし，ひとりで遊ぶことが多い子どももいる。
　・じゃんけんゲームはこれまでも経験しており，じゃんけんの勝ち負けはほぼ全員理解している。「貨物列車ごっこ」は本日初めてする遊びであるが，歌は前もって歌い，親しんでいる。
　・遊びの片付けは，自分から進んで取り組む子どももいるが，保育者にうながされて行なう子どもが多い。うがいや手洗いなどの生活上のきまりやルールについては，必要性を理解して自分から行なう子どもがほとんどである。遊びのルールについても，ほとんどの子どもが守って遊んでいるが，負けることをいやがってルールを守れない子どももいる。

2．ねらい，内容
　○クラスの友だちといっしょに，ルールのある遊びを楽しむ。
　・いろいろな友だちといっしょに遊びに参加する。
　・遊びのルールがわかり，ルールを守って遊ぼうとする。
　・曲の速さやリズムに合わせて歩いたり走ったりして身体を動かす。

3．中心となる活動
　　貨物列車ごっこをしよう！

4．予想される活動の流れ

時間	環境の構成	予想される子どもの活動と姿	保育者の援助・留意点
10:50	［ステージ／子ども］	○遊戯室に移動する ○保育者の話を聞く ・保育者の劇を見て，じゃんけんの勝ち負けや遊びのルールがわかる。	・保育者が見える位置に子どもたちが集まるよう声をかける。 ・じゃんけんの勝ち負けや遊びのルールを，劇を用いてわかりやすく説明する。
11:05	・危険がないよう，遊具類は端のほうにかためておき，広い場所を確保する。 〈ルール〉 ・曲が止まったところで相手を見つけてじゃんけんをする。 ・負けた子どもは勝った子どもの列の一番うしろにつく。 ・同じことをくり返し，1本の貨物列車になるまで行なう。 〈準備物〉 ・ピアノ ・劇に使うお面 ・笛	○貨物列車ごっこをする ・楽しく歌を歌いながらルールを守って遊ぶ。 △じゃんけんの相手が見つからない。 △じゃんけんに負けてもうしろにつきたがらない。 △服を引っ張って首が絞まったり，列が分かれてしまったりする。 ・長い1本の貨物列車になったらトンネルをくぐり，最初の場所に集まる。	・遊びを進める役割，ルールを守らない子どもに対応する役割，ピアノを弾く役割と，保育者間で役割を分担し，一人ひとりの子どもがルールを守って楽しく遊ぶようにする。 ・遊びが楽しくなるように，子どものようすを見ながら，曲の速さやリズムに変化を付ける。 ・人数が合わないときには保育者が加わる。 ・相手が見つけられない子どもには，保育者もいっしょに相手を探すようにする。 ・ルールを守って楽しく遊んでいる子どもを認め，ルールを守らない子どもには個別に声をかけ，どうしたらよいか考えるよううながす。 ・列が長くなると引っ張り合って首が絞まったり，列が分かれてしまいがちなので，曲をゆっくり弾いたり，遊びながら声をかけたりして，安全面には十分留意する。 ・遊びへの参加のしかたを見ながら，2～3回ゲームをくり返すようにする。最後に保育者がトンネルをつくり，話し合いの場所へと誘導する。
11:25 11:30		○感想を話し合う ・楽しかったこと，困ったことなどを話す。	・子どもが自由に意見を言うことができるような雰囲気をつくる。 ・ルールを守って遊んでいた姿を十分に認める。

○・…子どもの活動　△…子どもの姿

3 5歳児クラスの指導案

①5歳児クラスの指導案の特徴

5歳児は，基本的生活習慣はほぼ身に付き，仲間といっしょに遊ぶことを好み，集団への意識が強くなってくる時期です。数人の友だちと同じ目的をもって遊んだり，一人ひとりの興味や関心を活かしながら，クラスのみんなと共通の目的に向かって取り組んだりする協同的な遊びの経験ができるよう援助していきたいものです。

集団性が強くなるというと，一人ひとりを軽視してしまうのではないかと思いがちですが，そうではありません。一人ひとりがしっかりとした居場所（存在感）をもち，それぞれの子どもが自分らしくふるまうことが認められている集団，"一人ひとりが生きる集団"をつくっていくことをめざします。そして，そのような集団を形成するのは，その集団の構成員である子どもたちと保育者自身であるということを意識しましょう。保育者自身がそれぞれの子どもをたいせつな一人ひとりであると考えて過ごすことが，一人ひとりが生きる集団を形成することにつながっていくのではないでしょうか。

また，5歳児では小学校との連携という視点も欠かすことができません。その点においても，協同的な遊びをとおして，学びの連続性を図ることができるのではないかと思います。

②ねらい，内容

5歳児クラスでは，「ひとりではできないことでも，みんな（友だち）と力を合わせることでできた」という大きな充実感を味わう経験が期待されます。具体的には，次のようなねらい，内容が考えられるでしょう。

　○友だちと共通の目的をもって，考えを出し合いながら遊びを進め，充実感を味わう。

・友だちと考えを出し合いながら遊びを進める。
・自分の思いや考えを言葉で伝えたり，相手の考えを聞いたりする。
・いろいろな素材や用具を使って，試したりくふうしたりしながら遊びに必要なものをつくる。

③環境の構成

　5歳児クラスでは，自分たちで話し合いながら遊びや生活を進めていくことができるように，保育者は，必要な場面では提案したり助言したりできるように心がけながらも，なるべく子どもたちにまかせ，見守る姿勢で接するようにするとよいでしょう。

　物的環境としては，いろいろな素材や用具を使って自分のイメージをくふうしながら表現するようになるので，いろいろな空き箱や紙類を分類しておいたり，はさみやのり，セロハンテープ，楽器なども使いたいときに自由に取り出せるようにしておいたりするとよいでしょう。また，昆虫や小動物への関心も旺盛なので，季節に応じた図鑑や絵本なども見たいときに手に取ることができるようにしておきましょう。

　季節の草花・野菜などを栽培したり，小動物を飼育したりと，子どもたちが責任をもって自然や生命の育つ過程にふれることのできる場や機会をつくっていくこともたいせつです。

④予想される子どもの活動

　5歳児は，身体機能や運動機能が発達し，いろいろな運動ができるようになります。なわとび，鉄棒，うんてい，登り棒など，自分なりに課題をもって挑戦し，がんばってできるようになるという経験は自信につながります。またドッジボールやサッカーなどのルールのある運動遊びも好むようになり，体を十分に使って遊びます。単純なルールから始め，慣れてきたら自分たちでより楽しくするためにルールを変えていくということも5歳児らしい活動です。

　細かい手や指の動きもたくみになり，折り紙遊び，製作遊びなど，自分のつ

くりたいものをくふうしてつくります。お店やさんごっこの品物やごっこ遊びに必要なものなども，自分たちのイメージどおりにつくることができるようになってきます。

　また，友だちと話し合いながらさまざまなごっこ遊びを計画し，共通の目的をもって役割を分担しながら力を合わせて活動する協同的な遊びは，5歳児クラスでぜひ経験してほしい活動です。保育者の支えがなければ一人ひとりの遊びのイメージがバラバラになってしまうこともあるので，保育者も子どもたちといっしょに遊びをつくっていく気持ちで参加しましょう。子どもたちが話し合いながら活動を進めるということは，非常に時間がかかります。十分な時間と活動の場を確保しておくことが必要です。

⑤保育者の援助・留意点

　5歳児は，これまでの生活経験から，よいことや悪いことなどの判断，状況に応じた対応など，自分で考えて行動することができるようになってきます。けんかなどの場面でも，第三者の子どもが互いの気持ちや考えを聞き出し，子どもどうしで解決することも多くなってきます。保育者は，毅然とした態度で対応しなければならないこともありますが，できるだけ子どもたちの力で遊びや生活を進めていくことができるよう援助していきたいものです。

　また，気の合う仲間といっしょに自分たちで目的をもって遊ぶ姿を見守りながら，集団のなかでの一人ひとりの思いを読みとり，一人ひとりの子どもが十分に自分らしさを発揮することができているか，確認することもたいせつです。5歳児といっても，自分の思いどおりに遊びを進めることができなかったり，友だちとうまく折り合いをつけることができなかったりして，気持ちが沈んでいることもあります。一人ひとりの心の動きをしっかりと受けとめ，子どもが自分から困難に立ち向かっていくための元気をいっぱいに満たすことのできるような保育者でありたいと思います。

⑥指導案と保育実践のつながり

　指導案の「段ボールで遊ぼう！」は，5歳児クラスの6月の活動です。新しいクラスになり，友だち関係も少し変わってきたこの時期に，いろいろな友だ

ちといっしょに力を合わせて遊ぶ体験ができました。

> **事例：段ボール遊び**
>
> 　登園してきた子どもたちが，気の合う友だちといっしょに誘い合って遊び始めることができるように，いろいろな大きさの段ボール箱をたくさん遊戯室に準備しておいた。
> 　なかよしのＡ男とＢ男は自分たちが入って遊べるロケットを，ほかの子どもたちはみんなでダンボールの迷路をつくり始めた。気の合う友だちといっしょに自分たちのつくりたいものをつくることを予想していたが，遊びは迷路づくりに集約されていった。Ａ男とＢ男もロケットができ上がると迷路づくりに加わり，布テープを切る子，箱を支える子，布テープを貼っていく子，などそれぞれの役割をもって遊んでいた。

⑦遊びや活動の発展

　この日だけでは迷路を完成させることができなかったので，そのまま迷路は遊戯室に残しておき，翌日も続きができるようにしました。

　十分な時間をとったため翌日には迷路ができあがり，完成したときには子どもたちは大喜びで，大きな充実感や満足感を味わうことができました。その後，中に入ったり出たり，じゃんけんゲームをしたり，小さい友だちを中に入れてあげたりして，こわれるまで何日も続けて十分に楽しみました。

《5歳児クラスの指導案》

　　　　　　　　　　　　　　　　　　　日　時　6月5日（月）
　　　　　　　　　　　　　　　　　　　　　　　8：30〜11：00
　　　　　　　　　　　　　　　　　　　場　所　遊戯室
　　　　　　　　　　　　　　　　　　　保育者　○○　○○

1．子どもの姿（○○組　男児9名，女児10名　計19名）
　・4月当初は，進級児と入園児とのかかわりがあまり見られなかったが，5月上旬ごろから少しずついっしょに関わって遊ぶようになってきた。
　・ほとんどの子どもが集団活動のルールを守り，がまんしたり相手の気持ちを考えようとしたりするようになってきているが，自分の主張を固持し，遊具をゆずることができなかったり片付けをしなかったりと，自分勝手な行動をとりがちな男児も1名いる。ほかの子どもたちから「悪い子」という見方をされないよう気を配りながら，状況に応じて行動することができるようになってほしいと願っている。
　・天気のよい日が多く製作遊びの経験が少ないが，空き箱を使ってロボットや武器，車などをつくっている。空き箱を入れてある大きな段ボール箱の中に入って遊ぶことが大好きな子どももいる。

2．ねらい，内容
　〇自分の思いやイメージを出し合いながら，友だちといっしょにつくって遊ぶ楽しさを味わう。
　　・自分の思いや考えを友だちに話したり，友だちの思いや考えを聞こうとしたりする。
　　・互いの考えを取り入れて遊びを進める。
　　・自分の役割を考え，友だちと力を合わせてつくろうとする。
　　・安全に気をつけて，はさみや段ボールカッターなどの用具を使う。
　　・自分たちの遊んだ場所は，自分たちで責任をもって片付ける。

3．中心となる活動
　　段ボールで遊ぼう！

4．予想される活動の流れ

時間	環境の構成	予想される子どもの活動と姿	保育者の援助・留意点
8:30	・カレンダー，シールなど環境を整えておく。 ・遊戯室にいろいろな大きさの段ボール箱を用意し，登園時の身のまわりの始末ができた子どもから興味をもって遊び始めることができるようにしておく。 ・必要に応じて空き箱や筒，カップなども使えるよう，分類して置いておく。 ・はさみ，段ボールカッターなどは危険なので，机の上の容器に入れておく。 [図：遊戯室／机／段ボール箱／保育室] 〈準備物〉 ・いろいろな大きさの段ボール箱（多数） ・空き箱，筒，カップなど ・布テープ，セロハンテープなど ・はさみ，段ボールカッターなど ・油性ペン，ポスターカラー，画用紙など	○登園する ・元気にあいさつを交わす。 ・持ち物の始末をする。 ○段ボールで遊ぼう！ ・友だちと力を合わせて迷路をつくる。 ・おうち，ロボット，ロケット，動物など，自分のつくりたいものをつくる。 △つくりたいものがなかなか決まらない。 △はさみ，段ボールカッターなどの用具の使い方がうまくできない。	・気持ちよく一日の生活を始めることができるように，一人ひとりの子どものようすに気を配りながら，明るくあいさつを交わす。とくに週の初めであるので，心身の状態をよく観察する。 ・友だちと話し合いながら自分たちでつくりたいものを決めて遊びを進めるよう見守る。 ・保育者も遊び仲間のひとりとしていっしょに参加しながら一人ひとりの考えや思いを受けとめ，楽しさを共感したり，子どもどうしで考えやアイデアを伝え合うことができるよう仲立ちをしたりする。 ・遊びが行き詰まったり停滞したりしたときには，子どもどうしで考えを出し合うよううながしたり，保育者もいっしょに考えたりする。 ・つくりたいものがなかなか決まらない子どもには，その子どもの思いを聞きながらいっしょに考えたり，周りの友だちの遊びを紹介したりする。 ・はさみや段ボールカッター，セロハンテープカッターなどの用具の使い方に危険がないよう留意する。危険な使い方をしている場合には，そのつど安全な使い方を指導するようにする。 ・でき上がったものを認めたり，ほかの子どもにも見せたりして，つくり上げた満足感を味わうことができるようにする。また，つくったものでどのように遊ぶか話し合わせたり，いっしょに遊び方を考えたりする。
10:45 ごろ 11:00		○片付ける ・つくったものを残しておきたいと言う。	・遊びのようすを見ながら片付けの声をかける。 ・明日の遊びにつながっていくように相談しながら，みんなで協力して片付けるよううながす。

○…子どもの活動　△…子どもの姿

コラム4
3歳以上児に適した遊び

3歳以上児に適したさまざまな遊びを示しました。ほんの一例ですが，参考にしてください。

	3歳児クラス	4歳児クラス	5歳児クラス
戸外遊び	かけっこ　草花つみ 三輪車乗り　砂・土遊び お山すべり　虫探し（ダンゴムシ，バッタ など） 水遊び（水鉄砲，シャワーごっこ，シャボン玉遊び など） 固定遊具遊び（ブランコ，滑り台，ジャングルジム など） 雪遊び（雪だるまづくり，そりすべり など）	砂・土遊び　草花遊び 小動物（カエル，カタツムリ，バッタ など）と遊ぶ 三輪車遊び（探検ごっこ，ヒーローごっこ など） 水遊び（水鉄砲，シャボン玉遊び，魚釣りごっこ など） 固定遊具遊び 雪遊び（雪だるまづくり，雪がっせん，そりすべり など）	砂・土遊び　水遊び 小動物や花・野菜の世話（カメ，ウサギ，トマト など） サッカー　ドッジボール 鬼ごっこ　リレーごっこ 修行ごっこ　固定遊具遊び（うんてい，登り棒，鉄棒 など） 雪遊び（かまくらづくり，ミニスキー など）
室内遊び	ブロック・積み木遊び ままごと・お母さんごっこ ヒーローごっこ 絵かき遊び　粘土遊び 新聞紙や紙・折り紙，空き箱などを使って遊ぶ お面づくり　楽器遊び 伝承遊び（こままわし，福笑い など）	ブロック・積み木遊び お家ごっこ　店やごっこ ヒーローごっこ 絵かき遊び　粘土遊び 折り紙・製作遊び ペープサート・劇遊び ボール・なわとび遊び 伝承遊び（こままわし，福笑い，カルタとり など）	ごっこ遊び（店やごっこ，劇場ごっこ　お化け屋敷ごっこ，基地ごっこ など） 折り紙・製作遊び なわとび・大縄跳び遊び 伝承遊び（カルタとり，すごろく，こま回し など）
集団での活動	絵本や紙芝居を見る 手遊び・歌遊び フィンガーペインティング 伝承遊び・ゲーム遊び（むっくりくまさん，かごめかごめ，かくれんぼ，鬼ごっこ，やきいもじゃんけん など） プール遊び　絵の具遊び 折り紙・製作遊び 表現遊び（まねっこ遊び） 散歩	絵本や図鑑・紙芝居を見る 手遊び・歌遊び フィンガーペインティング 伝承遊び・ゲーム遊び（花いちもんめ，だるまさんがころんだ，わらべ唄，高鬼，色鬼，フルーツバスケット など） プール遊び　絵かき 折り紙・製作遊び　散歩	絵本や童話，図鑑などを見る 歌遊び・楽器遊び，劇遊び 伝承遊び・ゲーム遊び（開戦ドン，帽子とり，カルタとり，すごろく，こま回し，ドッジボール など） リレー，プール遊び みんなでごっこ遊びをする（お店ごっこ，遊園地ごっこ，音楽会ごっこ など） 絵かき，折り紙・製作遊び 散歩

第5章 異年齢クラスの指導案

　ここでは，異年齢の子どもをクラスやグループの単位として保育する場合の指導案について解説します。発達のちがいを視野に入れて，細やかな配慮を行なうことが必要となります。

ポイント1
発達の幅が広い
「環境は？」「話し方は？」どこにポイントをおいて考えるかが重要です。

ポイント2
居場所をつくる
部屋の中に一人ひとりの居場所を確保するなど，年齢別クラス以上に細やかな配慮が必要になります。

ポイント3
何を育てたいのかを明確にする
「ただ，安全に」「なんとなく，遊んでいる」といった生活にならないように保育を組み立てます。

ポイント4
全体を見渡しながらも細やかに一人ひとりの表情を見逃さないようにしましょう。
みんな笑顔かな？

1 異年齢保育の指導案について

①異年齢保育の指導案について
◎さまざまな形態

　異年齢保育と一口にいっても，さまざまな形態があります。たとえば子どもや保育者，部屋の数などの関係で，やむなく異年齢でグループ分けをしてクラスにしているパターン（0，1歳児や1，2歳児，もしくは3，4，5歳児縦割りクラスに多く見られる）。または，ほとんどの生活を年齢別クラスで過ごしているなかで，異年齢保育のよさを取り入れたくて，わざわざ生活の一部分だけ年齢のクラスを割ってグループをつくり，過ごしているパターン（0〜5歳児各学年から1〜2人ずつといった大きな縦割りや，ダイナミックな活動をするときには4，5歳児を集めて大人数にするといったもの）など，割り方や時間は本当に千差万別です。その園によって，異年齢保育自体の趣旨やねらいも大きく異なります。また形態は同じでも，細かなところで趣旨が違っている園も多いのです。

　ここにすべての形態の指導案を掲載できないのはそのためです。例としてあげた指導案は，決して完璧ではありません。また，たいへんおおまかなものです。この表記が正しいということではありませんから，参考にして自分なりの指導案を模索してみましょう。

◎おおまかな時間の流れをつかんだら

　指導案の紙面は，限られたスペースです。異年齢保育のように，子どもたちの育ちがさまざまになると環境構成も配慮も細かくなります。本来なら何枚も書かなければ，とても書ききれません。大量の指導案を，時間をかけて書いたほうがよいのかもしれませんが，保育者の時間や能力にも限りがあるのが現実でしょう。

　まずは，各学年別の指導案を参考にしながら，異年齢保育でのおおまかな時間の流れがつかめる指導案（年間計画，月案，週案など）をつくります。それをもとに，細かな部分（日案や環境図など）は，別紙に簡単なメモをつくって保育している保育者が多いようです。

②指導案の特徴
◎異年齢保育の発達の幅が広いことを考慮する
　はじめから細かな部分まで書こうとせずに，まずはおおまかな枠組みのデイリープログラムを書いてみましょう。そのうえで，少しずつ子どもの姿を想像してふくらませます（具体的な配慮や援助を考える）。細かな部分が頭のなかだけでは不安なら，必要に応じて別紙に書き出してみます。
◎一人ひとりの姿を想像する
　異年齢になると，各学年の「目立つ子」や「気になる子」についてのみの配慮を考えがちです。また，「最も○歳児らしい代表的な子ども」といった個人だけをクローズアップして，計画を立ててしまうこともあります。そういった代表的な子どもをふまえると，各学年をしっかりおさえて計画を立てることができたように感じますが，一人ひとりにそった指導案にはなっていません。「おとなしい子」や「じょうずに遊んでいる子」の姿も含め，全員の姿をていねいに見て，必要なことや不必要なことを考えていくことがたいせつになってくるでしょう。

③ねらい，内容
◎大きなねらい（内容）と，細かなねらい（内容）をわけて考える
　まずは，「どんなふうに過ごしてほしいか」「子どもたちの何を育てたいのか」といった漠然とした大きなねらいをはっきりさせましょう。
　それから，そのために必要な細やかなねらい（内容）を考えます。発達ごとに（たとえば年齢や遊びグループごとに）ねらいや内容は異なります。異年齢の保育においては，そういった細かなねらいをていねいに考えておくことが必要です。

④環境の構成
◎居場所をつくり，安心感をもつことができるように
　年齢別保育以上に，子どもたちには育ちに差やちがいがあります。まずは，過ごしやすく，一人ひとりがしっかりと遊びこめるような環境を構成することがたいせつです。安心感をもつことで，生活や遊びに広がりや深まりが出てく

るでしょう。

◎憧れとお世話

年下の子どもは，年上の子どものしていることを見て憧れを抱き，年上の子どもは，年下の子どもに対して親しみをもって「お世話したい」と思うようになります。中間の子どもの育ちに合わせた環境を構成するのではなく，いろいろな育ちに対応できるようにしたいものです。

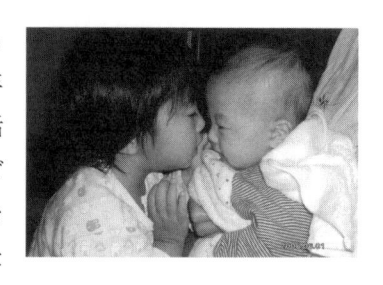

◎流動性

異年齢保育においてはとくに，環境は固まったものではなく，"流動性"が求められるでしょう。保育者が状況に応じて環境を変えたり，提示したりできるようなデザインのし直しがたいせつです。子どもたちが，みずから環境と関わろうとするような配慮ももちろんたいせつです。

しかし，安全面は第一に考えなければなりませんから，常設しておく運動面などの環境は，十分な配慮が必要です。発達を考えると年長児なら安全に使えそうだけれど……といったものなら，ふだんは片付けておいて，必要なときに年長児が遊具を自由に出せるようにしておく，といったくふうがたいせつになってきます。

⑤予想される子どもの活動

◎集団によって変わる姿に配慮する

子どもは，入る集団によって見せる姿が異なります。たとえば年齢別の生活では頼りなく見える5歳児でも，異年齢の生活で自分が1番上になると，急にお兄ちゃんぶりを発揮する子がいるものです。また年齢別では，お姉さんといった存在で人のお世話をしているはずなのに，異年齢に入ったとたん妙に甘えん坊になり，できていたこともできなくなる（ボタンをとめてもらうなど）といった逆の光景もよく見られます。

どちらも，その子の本当の姿なのでしょう。その姿を保育者がどうとらえるかによって，援助方法は変わってきます（たとえば，異年齢のとき（くらい）は，

甘えを受け入れるのか。それとも，しっかりしてもらいたいのか）。異年齢保育でのその子どもに対する「ねらい」をしっかりもつことがたいせつでしょう。

◎ **発達の差を考える**

　どんな活動でも，始まりと終わりの時間に差が出てきます。活動によっては，30分以上の差が出ることも考えられます。たとえば，製作においては，製作物の数や方法を限定するのではなく，幅や余裕をもたせておく必要があるでしょう。また，活動が終わった子どもが楽しめるコーナーや，落ち着いて待つことができる環境設定もたいせつです。

◎ **お節介なお姉さん（年上の子ども）となすがままの弟（年下の子ども）**

　年下の子に対して，必要以上に手をかけてしまう子どもがいます。反対に，そういったすてきなお姉さん（お兄さん）に甘えてしまい，何もしようとしなくなる子どももいます。その関係のなかには育つもの（自信や有能感，安心感など）もあるのですが，関係が長く続くと両者の育ちにゆがみを生むので気をつけてみていきましょう。

⑥ 保育者の援助・留意点

・年齢別の"グループでの育ち"を確認するとともに，"一人ひとりの育ち"を細かく把握し，一人ひとりに対するていねいな援助を考えておく。

・集団の育ちも意識して，人間関係をみていく。

・発達のちがいを考慮した"言葉がけ"を考える。同様に，視覚的なものや手遊びなどについても，量やタイミングを考えておく。

今回は，よく見られる３，４，５歳児の縦割りクラスについての指導案を載せて考えていくことにしました。この保育所では，生活のほとんどを縦割りで過ごしますが，午後の１時間くらいだけを年齢別で過ごすことになっています。そら組の担任は，午後の時間はほかのクラスの子どもたちも含めた年長児34人を担当します。担任は，このクラスを受けもって２年めの若手保育者で，補助に入っているベテラン保育者のアドバイスを頼りに指導案をつくっています。

《異年齢クラス（３，４，５歳児）の指導案》

　　　　　　　　　　　　　日　時　５月22日
　　　　　　　　　　　　　そら組　３歳７名，４歳６名，５歳８名
　　　　　　　　　　　　　保育者　○○　○○，○○　○○

１．子どもの姿
・新しいお友だちを迎えてのそら組になって，約１か月半。はじめの２週間，泣きっぱなしだったようすけ（３歳児）も，年長児が飼っているだんご虫を見ることで落ち着いて過ごせるようになってきた。他の子どもたちについても，５月の連休明けを心配していたが，それぞれに興味のあることが出てきたようで，落ち着いている。
・１週間前，廊下の絵本コーナーにあった『クイズの本』をえいこ（５歳児）が部屋に持ってきてから，年長児を中心に「クイズ」が大流行。年中，年少児もいっしょになってクイズを楽しんでいる。

２．ねらいと内容
年少児　○保育者や友だちと関わりながら，親しみをもつ。
　　　　　・自分の居場所を見つける。
年中児　○気の合う友だちと関わりながら，好きな遊びを楽しむ。
　　　　　・気の合う友だちといっしょに遊びを楽しむ。
年長児　○友だちとのかかわりのなかで，思いを伝え合いながら遊ぶ。
　　　　　・自分の思いを伝えたり，相手の気持ちに気づいたりする。

3. 生活の流れ

時間	予想される子どもの活動	保育者の援助・留意点
7:00 〜 9:30	○登園する。 ・シール貼り ・持ち物の整理	・一人ひとりに笑顔であいさつし，温かく迎える。 ・面倒な気持ちから雑になっている子どもには，きちんとできるように声をかけたり，見守ったりする。 ・おせっかいな子には，小さい子の「自分でやりたい気持ち」を知らせる。
	○好きな遊びをする。 ＜保育室＞ ・飼育物の世話 ・ままごと ・絵本 ＜園庭＞ ・砂場 　　ケーキ屋 　　トンネルづくり ・虫探し　園探検	・虫や植物の図鑑を用意する。子どもたちの驚きや発見をともに分かち合う。 ・役のイメージがかみ合わず，トラブルになることが多い。遊び自体に広がりが出てくるとよいと感じているので，なるべく保育者が入り，トラブルにならないようにする。 ・居場所なくウロウロしていた3歳児が絵本をめくっている姿がよく見られるため，ときどき見に行き，読み聞かせをする。 ・5歳児が中心になって遊びが盛り上がっている。大きなトラブルもないようなので見守る。 ・型ぬきで，お弁当などの料理をつくる子どもを見かけたら，明日の遠足の話をしたり，はやっているクイズを取り入れたりして，遠足への期待を高める。 ・子どもたちでつくった飼育かごにひもを付けて，持ってかけられるようにしておく。 ・園探検をしている子どもには，ときどき声をかける。
10:30	・おにごっこ ○片付けをする。	・発達ごとの楽しみ方に配慮し，楽しめるようにする。 ・なかなか遊びにきりをつけられない子どもや遊びグループ，また片付けに時間がかかりそうなところには，早めに片付けの声をかける。 ・ままごとコーナーの片付けがうまくいかないようなので，ようすを見てみる。 ・がんばっている姿を具体的にほめる。
	○集まる。 ・遠足の話を聞く。 ・紙芝居を見る。 ・遠足に関するお便りについての話を聞く。 ・遠足に関する注意点を聞く。 ・「遠足持ち物クイズ」に参加する。	【ねらい】 ○明日の遠足を楽しみに期待をもつ。 ・導入として，遠足に関する紙芝居を読み聞かせる。 ・年少児には，少々むずかしい紙芝居のため，説明を入れながら楽しめるようにする。 ・数日前に配ったおたよりをお家の人と読んだかを聞き，行く場所などについてたずねる。 ・細かいことは，午後の年齢別保育にときに説明するので，「先生の見える所で，危険のないように遊ぶ」ことだけを伝える。 ・クイズを出題するのも大好きな子どもたちだが，煩雑になるため，「今日は先生が問題を出す」ことを伝える。 ・あまり簡単でも年長児が楽しめないので，むずかしい問題も取り入れる（たとえば，最後に持ち物"すべて"をたずね　など）。

2 指導案と保育実践のつながり

①自由な時間での事例

事例：「まーぜーて」 あれれ？？？

昨日に引き続き，砂場では，あんな，ゆりか，みほ（5歳児）の3人が，"ケーキ屋さん"，ゆうじ，たくみ，まさし（5歳児）とまさひろ（4歳児）が，"トンネルづくり"をして楽しんでいた。

そのようすを砂場の近くで見ていたちなつとこうすけ（3歳児）。しばらくすると，自分たちもシャベルを持ってきて，"トンネルづくり"チームの横で，2人それぞれに穴を掘り始めた。保育者は，2人に声をかけようかと迷っていたところ，そのようすに気づいたまさひろが「（トンネルづくりに）まぜてほしいの？」と2人に問いかけた。そこで保育者は，そばで見守ることにした。

ちなつとこうすけが，「まーぜーて」と言うと，"トンネルづくり"チームの5歳児3人は，「いーいーよ」と快諾。しかし「まぜてほしいの？」と声をかけてくれたまさひろが，渋い顔をしたままその場を離れてしまった。保育者が「まさひろくん，どうしたんだろう？」と考えているうちに，まぜてもらえることになったちなつまでもが，その場を離れていってしまった。

◎砂場のあそびマップから

ちなつとこうすけが，穴を掘り始めたのは，どうしてだったのでしょうか。砂場の外にいた2人が砂場の中に入り穴を掘り始めたとき，保育者もまさひろも，2人は「（トンネルづくりに）まぜてほしい」のではないかと思いました。しかし，なかよしだからいっしょにいるように見えた2人の思いは，実際にはそれぞれに異なっていました。

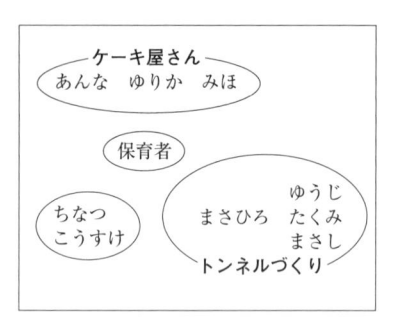

図5-1 砂場のあそびマップ

そして，トンネルづくりをしていたまさひろも，ただトンネルづくりが楽しいだけでその場にいたわけではなかったことがわかったのです。

◎それぞれの思いと気持ちのズレ

これまでの人間関係や，次の日からのようす，直接聞き出せた思いなどから，

子どもたちの気持ちが少しずつわかってきました。

　　　　　連休明けに，朝，少しぐずるようになっていたちなつ。保育者のそ
　ちなつ　　ばにいることで，また少しずつ園生活に慣れ，1人でいろいろな場
所へ探検に出かける毎日でした。保育者は，ちなつが"いろいろな所に
行っていること"に満足し，"その探検のなかで何に興味を示しているか"
には，気づいていなかったのです。

　じつは，保育者のそばから離れて探検に出るきっかけになったのは，ゆ
りかでした。ゆりかは，小さい子どもの気持ちがよくわかるやさしい子で
す。その日，泣いているちなつに四つ葉のクローバーを渡して，じょうず
に自分たちの遊びにちなつを誘ってくれたのでした。ちなつは，その四つ
葉のクローバーやゆりかの姿を探していたようなのです。ちなつは，砂場
にいるゆりかを見つけていっしょに遊びたかったのですが……意を決して
「まぜて」と言ったにもかかわらず，返事をしてくれたのは，男の子たち。
自分の気持ちをうまく伝えられず，その場を離れたのです。

　　　　　4月生まれのまさひろは，同じ4歳児の子どもたちよりも発達が早
　まさひろ　く，5歳児との遊びのほうが楽しいようです。しかし5歳児なりの
仲間意識が，最近まさひろを仲間から外そうとし始めていたのです。保育
者は，いつもなかよく遊んでいると思い込んでいましたが，微妙な仲間関
係がそこには出始めていたのです。

　まさひろが，自分たちの"トンネルづくり"を見ているこうすけを誘っ
たのは，小さい子どもに対する思いやりではなく，「これ以上，僕以外の
小さい仲間はふやさないよね？」と5歳児3人にたしかめたい思いからの
行動だったのです。仲間から外される危機感を強く感じていたまさひろに
とって，新米の自分より小さなこうすけが仲間に入れたのは，とてもショッ
クなできごとだったのでしょう。

紙面の都合上，他の子どもたちの思いは割愛しますが，それぞれに少しずつ
イメージや気持ちのズレがあることがわかりました。想像してみてください。

◎ なんとなく盛り上がっていればいいの？

　砂場での遊びが盛り上がっていると思っていた保育者は，「子どもたちの遊
び（気持ち）をたいせつにしたい」との思いから，なかに入り込みすぎずに見

守ることにしていました。しかし、今回の事例（仲間入りでの意外な場面）で、「遊べている」ように見えるグループのなかにも、子どもたちには複雑な思いがあることがわかりました。自分では遊びを見守り、あえて距離をおいているつもりでしたが、じつは、子どもたちの表面的な部分しか見えていなかったため、遊びの細かな内容や子どもたちの気持ちがわからなかったのです。

指導案を書くときには、遊びグループとそのメンバーを把握することや、環境構成、保育者のかかわり方を考えることに集中するため、「遊びのくわしい内容」や「そこでの子どもたち一人ひとりの思い」に気づけないのでしょう。

時間の流れを追い、全体的な留意点を示した指導案は、もちろん必要ですが、一人ひとりの思いをメモして、遊びの内容や人間関係をもっと考えられるような記録もくふうしていきたいですね。環境図を用意して、直接書き込めるようにするとよいかもしれません。

②一斉保育での事例

事例：遠足に持っていくもの　な〜んだ？

　明日の遠足のため、保育者は「持っていくもの」について話し始めた。クイズ形式で、子どもたちの興味をひくように一つひとつていねいに「持ち物」をあげている。
　「〇〇な〜んだ？」という保育者の問いかけに、「はい！」「はい！」と活発に手をあげて、クイズを楽しんでいるようすの子どもたち。しかし、一方で楽しい遠足の話のはずが……興味なさそうにボーッとしている子、手に持っている紙で何やらもちゃもちゃと遊んでいる子どももいて、あまり楽しそうではない。「持ち物」が全部出そろったときに、「じゃあ、最後のクイズです。明日、遠足に持っていくものは、何だったでしょう。ぜ〜んぶ答えてね」と保育者がたずねると…話に興味をもっていなかった子どもたちは、案の定答えられない。

◎クイズが大流行

　最近、そら組では、クイズが大流行。年長児の「赤くて丸いものな〜んだ？」「りんご」といった、わかりやすいクイズから、年少児の「どうぶつ……何でしょう？」「んーっと、カブトムシ！」「あっ、正解正解！」といった、大人には理解しがたいクイズまで、それぞれにいろいろな楽しみ方で、「クイズ」を楽しんでいました。

◎ねらいは，何？
　そこで保育者は，「明日の遠足を楽しみに期待をもつ」という，ねらいにそった保育をしようとして，「クイズ形式」を取り入れたのです。ほとんどの子どもたちが保育者の狙いどおりにそのクイズを楽しみ，午後からも「遠足ごっこ」を楽しむ姿が見られました。しかし，クイズの間，興味なさそうにしていた子どもたちから，そのあと遠足の話題が出ることはありませんでした。まじめなきょうへい（4歳児）にいたっては，午後もずっと部屋の隅で「持っていくもの」をブツブツつぶやき，「持ち物」を忘れないようにと必死のようすでした。
　保育者は，子どもたちに楽しんでもらおうとクイズを取り入れました。しかし，ふだんから"クイズ"自体に抵抗感を示している（「うまく答えられない」「わからない」といった理由から）子どもがいることや，クイズ量が多すぎて遠足の持ち物が全部覚えられず，そのことを苦痛に思う子どもが出てくることまでは，配慮できなかったようです。

◎一人ひとりの楽しみ方を細かく把握すると……
　「クイズがはやっていて楽しそう」ではなく，"一人ひとりが「クイズ」のどんなところをどのように楽しんでいるか"をもっと細かくていねいに見ておく必要があったようです。また，年齢や発達の幅を考慮して，視覚的なもの（ペープサートなど）を取り入れたり，わからない人だけヒントを与えるなどのくふうがあれば，全員が楽しめ，持ち物が覚えられる時間がもてたように思います。
　何よりも，この時間のねらいは，「明日の遠足を楽しみに期待をもつ」であって，「遠足の持ち物を全部覚える」ではありませんね。ねらいにそった内容をもう少し考えてみる必要があったことがわかります。

コラム5
異年齢クラスにおける育ち

○発達の幅が広いと……

　異年齢の子どもたちにかかわらず，子どもたちの育ちには差があります。その「発達の幅が広い」ことが異年齢クラスの特徴です。そして発達に差があるからこそ育つものもあります。

　年上の子どもたちは，年下の子どもたちをお世話することで"有能感"をもち，それが"自信"につながっていきます。また，年下の子どもたちは，年上の子どもたちに対して，"憧れ"をいだき，「私もあんなふうに○○できるようになるんだ」といった"期待"をもち，近い将来の自分を想像してその姿をめざしていくことになります。

　ただし，そんな育ちとは反対に，年上の子どもに過度の期待がかかってプレッシャーになってしまったり，（年上の子どもたちによる）押し付けのお世話でせっかくの（年下の子どもたちの）意欲が台なしになってしまったりするなどのデメリットもあります。

年上→年下
　「かわいいなぁ」「お世話したい」→　意欲や自信　→　自己肯定感
　「私のほうが○○できるから…」「自慢したい」　→　安心感（意欲の減退）
　　　　　　　　　　　　　　　　　　　　　　　　　　優越感
　「○○できないとかっこわるい」「年長なんだから…」　→　プレッシャー

年下→年上
　「ステキっ」「憧れちゃうなぁ」　→　憧れ
　「いつか私もできるはず」　→　期待や希望
　「いばっていてイヤだな」「やってもらうからいいや」　→　意欲の減退

○同じ学年の子が少人数

　少人数での密接な人間関係を学んだり，遊びに必要な能力のなかでも"細かな技術"をじっくり学ぶゆとりがあったりといったメリットがあります。しかし，大人数でのダイナミックな遊びができないといったデメリットもあります。

第6章 行事における指導案

　日常生活に変化を加えて，より楽しく，充実した時間と空間をつくり出す，その経験がその後の生活に生き生きと息づいていく，これが行事のたいせつな考え方です。日々の指導案，行事当日までの流れのわかる指導計画が必要になってきます。保護者や役員の方にもわかりやすい記述ができるといいですね。

ポイント1
行事のねらいをはっきりさせる
「何のための行事なのか」を，職員間でよく話し合い保護者にも理解を求めましょう。

ポイント2
子どもの主体性を活かした計画を立てる
子どもの育ちに意味のある生活の流れを考えましょう。

ポイント3
子どもの経験の差をとらえる
それぞれの子どもに無理のない内容であるかどうかを考えましょう。

ポイント4
さまざまな人たちとの連携がわかる指導計画にする
家庭や地域に協力を求めて，その内容を明記しましょう。

1 運動会の指導案

①指導案の特徴

運動会は当日だけのイベントではなく，運動会までの，また運動会後の子どもの心身の発達をうながす活動でもあります。ですから日々の生活の流れをとらえ，運動会前後の活動との関連も考えながら進めることがたいせつです。月案でおおまかな流れをおさえ，週案で活動内容を決め，日案で細かな配慮ができるようにするといいでしょう。

一緒にコロコロ　楽しいな！

集団での活動なので，年齢別のねらい，種目別のねらい，子ども一人ひとりの配慮点を意識して作成していきましょう。

運動会当日は，日々の保育のなかで積み上げられてきた子どもの心身の育ちが，見る側にもわかりやすく伝わるようくふうし，援助することがたいせつです。また，運動会は保育所や幼稚園の保育理解にもつなげる機会ともなります。

②ねらい，内容

体を動かす楽しさを味わう，体を使った表現の楽しさを味わう，友だちといっしょに楽しむ，協力して進めるなど，子どもの興味・関心や心身の発達のようすからねらいを定め，そのねらいが達成されるような運動遊び（種目）の内容を決めます。

③環境の構成

運動会までの間，幼児が準備段階から活動を始められるように，活動に必要な道具や用具を運びやすい場所に整理し，扱いやすいようにくふうしましょう。また学年間で共有するものは，保育者どうしで保管場所を随時確認し合うよう努めることがたいせつです。

子どもたちがイメージをふくらませ，楽しんで活動できるよう，必要なもの

をいっしょに考えたり，使用する道具の装飾をいっしょに行います。

④予想される子どもの活動

年齢が低いほど身支度などに時間がかかるため，時間設定は余裕をもって行ないましょう。また集団活動に移る際，気持ちの切り替えに時間のかかる幼児については，あらかじめ補助の先生にお願いしておくか，気分を変える援助や活動を行なうなどの配慮が必要です。

⑤保育者の援助・留意点

練習というよりは，毎日が楽しい運動会になるような援助を心がけたいものです。そのためには毎回同じ活動のくり返しではなく，前回よりも何か一つ楽しみが増すような展開を考えましょう。たとえば，なりたいものに変身する，保育者の得意技を見せる，他学年同士で見合う，昨年のビデオを見せる，毎時の目標をもつなど，ねらいや活動の流れに合わせて興味や意欲が湧くような導入を心がけたいですね。

また，年齢や活動の内容に合わせた言葉がけをくふうしましょう。たとえば魚になりきって走る年少児には「気持ちよさそうに泳いでるね」，カブトムシになって荷物を運ぶ年長児には「ギネスに載るくらいのパワーだね」など。

養護面の配慮では，毎朝しっかり視診を行ない，幼児の体調に気を配ってください。活動の際は屋外に出ることも多いため，救急グッズを必ず持って行きましょう。また，園舎から離れた場所であったり気温が高かったりする場合は，個別に水筒を持っていく，簡易テントを張る，日陰が近くにある場所で行なうなどの配慮が必要です。活動後は，うがい・手洗いの励行，水分補給，ゆったりした静的な時間を過ごすなど，体が休まるような生活の流れを心がけて下さい。

表6−1　当日までの使用場所　割り振り一覧　　〈③：年少児，④：年中児，⑤年長児〉

月日曜日		9:00～10:00	10:00～11:00	11:00～12:00	13:00～14:00	備　考
9/26(金)	エリアA	④	玉転がし③	円形ドッジ	しっぽとり	
	エリアB	⑤	⑤	④	④	
	遊戯室	③	④	③	⑤	
29(月)	エリアA	④	玉転がし③	⑤	⑤	
	エリアB	玉入れ	玉入れ	④	④	
	遊戯室	ドンじゃんけん	ドンじゃんけん	③	⑤	
30(火)	エリアA	④	④	⑤	⑤	
	エリアB	玉入れ	玉入れ	④	④	
	遊戯室	⑤	⑤	③	③	
10/1(水)	エリアA	つなひき④	つなひき⑤	しっぽとり	しっぽとり	
	エリアB	③	④	つなひき⑤	円形ドッジ	準備物完成
	遊戯室	⑤	③	ドンじゃんけん	ドンじゃんけん	
2(木)	エリアA	予行演習			④	
	エリアB	全員グラウンドへ（雨天：体育館）			⑤	保護者見学(当日不参加の方)
	遊戯室					
3(金)	エリアA	⑤	⑤	しっぽとり	しっぽとり	
	エリアB	④	④	③	円形ドッヂ	
	遊戯室	③	③	④	ドンじゃんけん	
4(土)	エリアA	つなひき④	つなひき⑤	前日準備⑤	前日準備⑤	
	エリアB	⑤	玉転がし③			前日準備
	遊戯室	③	④			(体育館)(グラウンド)

◎このように時間や場所を割り振っておくと，計画が立てやすく，スムーズに活動できます。

表6-2　平成20年度　運動会当日プログラム

①ねらい　・日ごろの遊びを活かして，一人ひとりが体を動かすことを楽しむ。
　　　　　・自分の力を発揮したり力を合わせたりして，さまざまな種目に取り組む。
②期日　平成20年　10月5日（日）
③種目と責任者

種　　目		責任者	保護者役員
入場行進		山田花子	鈴木太郎
開会式	1. 開会のことば（年長児） 2. 園長先生のことば 3. 運動会の歌 4. 運動会のちかい（各クラス1名）	・ ・ ・	・ ・ ・
	5. がんばるぞ体操（全員）		
みんなでがんばろう	1. 個人走　　　　　（年中児） 2. 個人走　　　　　（年少児） 3. 個人走　　　　　（年長児） 4. 大玉転がし　　　（年少児） 5. 障害走　　　　　（年中児） 6. 障害走　　　　　（年長児） 7. 玉入れ　　　　　（全員）		
コーナー遊び	① おかしの国へ ② ころがし円形ドッヂ（雨天時中止） ③ しっぽとり（雨天時中止） ④ ドンじゃんけん		P3名 2名 2名 3名
ちびっこレース〈未就園児〉			
つなひき	保護者種目　　自由参加 1. 年中児 2. 年長児		
ダンス	タタロチカ，なかよしダンス		
閉会式	1. 保護者会長さんのことば 2. 園長先生からのプレゼント（代表者） 3. 幼稚園の歌 4. 閉会のことば（年長児） 　※責任者は開会式と同じ		

◎種目ごとに責任者を決め，計画を立てます。
◎保護者役員には，種目ごとに何をお願いしたいか，何人必要かを伝える場をもちましょう。

表6-3　平成20年度　運動会全体計画

◇準備分担

前日（10/4）までの準備	担当者名
・招待状発送 ……………………………	山田花子
・行進の音楽選出 ………………………	鈴木太郎
・競技中の音楽の選出 …………………	各種目担当者
・万国旗の点検 …………………………	
・放送設備の点検 ………………………	
・プレゼントの注文（＊） ……………	
・ピストルの点検（雨天は笛）………	
・プログラムの原本作成 ………………	
・応援看板（各組用） …………………	担任
・入場門の飾りづくり …………………	
・園児のおやつ，ちびっこレースのお菓子　風船の注文 …………………	
・保護者役員のリボン準備 ……………	
・種目と役割分担表，使用場所一覧作成 ……	
・各種目細案用紙作成 …………………	
・会場図作成 ……………………………	
・保護者役員への協力依頼，打ち合せ（9/○）	
・保護者の仕事分担表作成 ……………	
・コーナー遊びの看板 …………………	各担任
・小学校への依頼（綱，体育館，トイレのカギ）…	
・小学校との連絡・調整 ………………	
・ポスターの準備（※） ………………	年長組担任

＊プレゼント

年少組（　　　　）年中組（　　　　）年長組（　　　　　）

※ポスター掲示場所…………

◇予行演習について

10／2（木）	予行演習9：30～	・ライン引き（8：00担当：　） ・開会式，閉会式 ・年長児の放送練習 ・フォークダンス（タタロチカ） ・玉入れ

行進の音楽係　鈴木先生

招待状係　山田先生

役割分担して協力！

'08／H.20.8.○（○）
のびのび幼稚園

◇前日の準備

10／4 （土）	10：30〜	・本部席，長机，団席椅子などの移動 …保護者役員＋
	昼食後 12：45〜	グラウンド目印付け（釘・テープ） ・テント設営（グラウンド）… （雨天の場合は遊戯室で準備） ・ライン引き……………… （雨天の場合はなし） ・道具点検整備，移動（各学年遊戯室へ）

◇運動会当日（10／5）の準備

```
会場設営　AM7：30〜
☆グラウンド整備　　　　………………… 全員
☆ライン引き………………………………… 保護者＋
☆テント組立て（本部，保護者用）……… 保護者＋
☆万国旗取り付け…………………………… 保護者＋
☆「運動会」の看板，デコレーション取り付け… 保護者＋
☆各組の応援看板取り付け………………… 各担任
☆本部席の設営………………………………
　・机，椅子の設営点検…………………
　・プレゼント，風船の点検……………
　・救護場所……………
　・放送設備の設営………………………
☆使用道具の点検…………………………… 各種目の責任者
☆保護者席の設営指揮……………………… 保護者役員

来賓の湯茶，接待…………………………… 保護者役員＋

競技中の役割分担
　・開会式，閉会式の進行………………… 年長児＋
　・プログラムの進行（放送）…………… 年長児＋
　・放送設備の管理，テープの操作………

救護………………………………… 養護教諭
```

2 生活発表会の指導案

①生活発表会の特徴

　毎日の保育をとおして子どものようすをていねいに観察すると，言葉や体の動かし方，口ずさんでいる歌など，年齢や個人においてさまざまな表現のしかたが見えてきます。このような日常的な保育を総合的にとらえ，ひとつの形にしていく行事として生活発表会があります。生活発表会は，言葉や体で自分自身を発揮する場ですが，それと同時に友達と協力し，いっしょに表現する活動でもあるので，指導もむずかしいといわれます。保護者にとっても，運動会と並んで，わが子のかけがえのない思い出として残ることが多いようですが，表面的なできばえを気にしすぎて「見せる」ためだけの活動にならないよう，子どもの主体性を十分引き出せるような計画を立て，そこで経験してほしいことを明らかにすることが必要です。

②ねらい，内容

　ねらいとしては，「友だちとイメージを共有し表現する楽しさや，保護者の人に見てもらうよろこびを味わう」「クラスの友だちと目的に向かって力を合わせる」などが一般的に多くあります。内容としては，ストーリー性のある劇的な表現，歌や合奏などの音楽的表現，踊りやダンスなどのリズム表現などをとおして，「なりたいのもになりきってお話ごっこをする」「クラスの友だちといっしょにストーリー（振り付け，歌詞）を考える」「劇に必要なものを友だちといっしょにつくる」などがあげられます。子どもの育ちや表現，興味・関心をとらえたうえで，無理のない具体的な活動を選択していきましょう。

③環境の構成

　生活発表会の日時は，子どもの生活の流れを考えてあらかじめ設定されるこ

とがほとんどです。したがって準備期間をそこから逆算して，子どもといっしょに徐々に舞台やステージ設定をつくり上げていく，という過程が望ましいでしょう。同日同ステージですべての学年がリレー方式で行なう場合は，各学年がそれぞれ必要な道具をつくり，幕間に出し入れを行なうことになります。つり下げたり，引っ張ると何かが出てきたり，仕掛けをくふうすることで楽しさも深まります。使用するスペースや子どもが出入りする場所もくふうすると，広がりや意外性のある表現活動になります。

④予想される子どもの活動

　年少児など年齢の低い子どもは，自分の出番以外にも楽しい場面であれば思わず舞台に上がることがあります。そんな特性をとらえて，あらかじめだれが参加してもいいような場面づくりを考えておくことも必要です。逆に，年長児では，責任をもって自分の出番をやり遂げるという経験も必要でしょう。それぞれの子どもが生活発表会まで納得して進んでいけるような話し合いや活動を計画していくこともたいせつになってきます。

⑤保育者の援助・留意点

　劇遊びでは「今日も大好きなうさぎさんになってお話ごっこができる！」，合奏では「たぬきになって手づくり太鼓をたたくのが楽しみだな」というような心の流れをつくることがたいせつです。ストーリーそのものが楽しく，毎回演じても楽しいと思えるような遊び的内容のもの，また「今日は本物の太鼓をたたいてみよう」など，前時よりも何か一つわくわくするような導入や展開を心がけるとよいでしょう。

　合奏では，楽器など，多くの道具を使うため，こわさないようにていねいに扱うことや，正しい使用のしかたを伝えておきましょう。また，出番以外の子どもたちを無用に待たせることのないようにしましょう。待っている間にいっしょに歌を歌う，手拍子をする，応援するなど

第6章　行事における指導案

のくふうがたいせつです。「友だちの格好いいところを探そう」と呼びかけ，友だちの活動する姿を見ることもたいせつなねらいの一つにしている園もあります。

《年長児クラスの指導案》（生活発表会2週間前）

11月〇日

〇〇組　男　〇名　女　〇名　　合計〇名　保育者　〇〇／〇〇

1．子どもの姿
・昨日まで，子どもたちは魔法の国のなりたいものになってお話ごっこのかけあいを保育室で楽しんでいた（環境構成図①）。「先生，もっと広い所じゃないとみんなで踊ったり歌ったりできないよ。ステージでやりたい！」とT男が叫んだ。するとほかの子どもたちも「魔法の国に行きたい！」と口々に言い始めた。

2．ねらい
・ステージの上でのびのびと表現する楽しさを味わう（環境構成図②）。
・お話ごっこの流れを視覚的に順序立ててとらえることができる。

3．内容
・ステージの上で，歌ったり踊ったり，せりふを言ったりする。
・自分の出番や待つ位置を覚える。

4．生活の流れ

時間	予想される子どもの活動	保育者の援助・留意点
9:30	なりたいものに変身して保育室に集まる。 「魔法の国」に出発する。 ・歌を歌う。 ・ダンスを踊る。 ・せりふのかけあいをする。 ・友だちのようすを見る。 ・出番や待つ場所を覚える。 魔法の国に必要なものを相談する。	・変身グッズの修理が必要な子どもがいないか声をかけ，自分で直せるよう道具を出しておく。 ・「魔法の国に行ってみない？」と意欲が増すような表情で語りかけ「魔法の歌」を歌いながら遊戯室に向かう。 ・子どもがのびのび表現できるように，音楽を流したり，保育者もいっしょにステージの上で，歌ったり踊ったりして楽しむ。 ・保育者が話のあらすじを話し，子どもが出番や待つ場所を覚えられるようにする。 ・出番以外の子どもが友だちのようすをしっかり見ている場面をとらえてほめ，見る姿勢のたいせつさを伝える。 ・「魔法の国にはどんなものがあるんだろう」と投げかけ，子どもの創造力を引き出し，相談できる雰囲気をつくる。

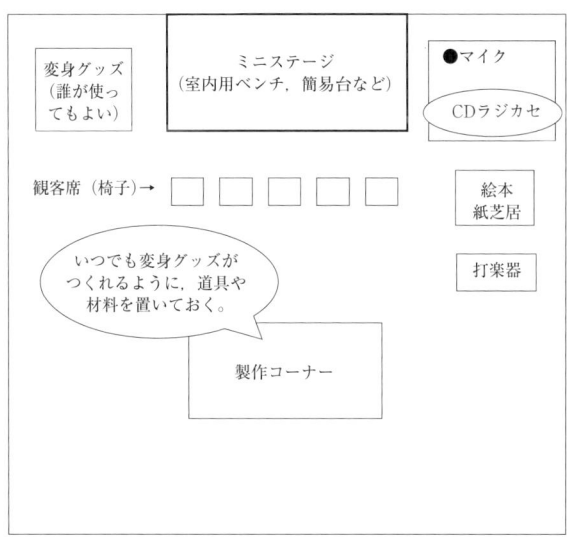

```
┌─────────────────────────────────────────────┐
│  ┌──────┐  ┌──────────────────┐  ●マイク    │
│  │変身グッズ│ │  ミニステージ    │            │
│  │(誰が使っ│ │(室内用ベンチ,簡易台など)│ ⌒CDラジカセ⌒ │
│  │てもよい)│ └──────────────────┘            │
│  └──────┘                                   │
│                                             │
│  観客席(椅子)→ □ □ □ □   ┌────┐        │
│                             │絵本 │        │
│       ╭──────────╮          │紙芝居│        │
│      │いつでも変身グッズが│  └────┘        │
│      │つくれるように,道具や│  ┌────┐      │
│      │材料を置いておく。   │  │打楽器│      │
│       ╰──────────╯          └────┘        │
│              ┌──────────┐                   │
│              │ 製作コーナー │                │
│              └──────────┘                   │
└─────────────────────────────────────────────┘
```

◎年少児など年齢の低い子どもたちは,いつも慣れ親しんでいる保育室で生活発表会を行なう園もある。

図6-1 環境構成図① 毎日お話ごっこを楽しめるような環境構成例〈保育室〉

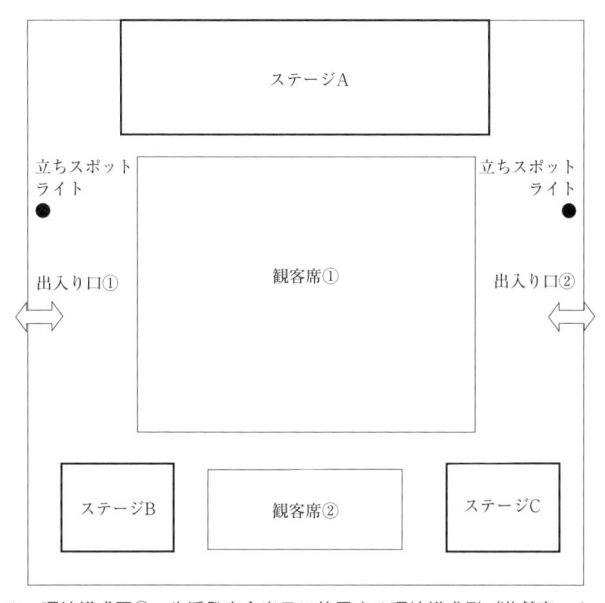

```
┌─────────────────────────────────────────────┐
│         ┌─────────────────┐                 │
│         │    ステージA     │                 │
│         └─────────────────┘                 │
│ 立ちスポット                       立ちスポット │
│  ライト                             ライト    │
│    ●  ┌─────────────────┐        ●         │
│        │                 │                  │
│ 出入り口①│   観客席①      │  出入り口②    │
│  ⇔    │                 │    ⇔           │
│        │                 │                  │
│        └─────────────────┘                  │
│   ┌──────┐ ┌──────────┐ ┌──────┐          │
│   │ステージB│ │ 観客席② │ │ステージC│         │
│   └──────┘ └──────────┘ └──────┘          │
└─────────────────────────────────────────────┘
```

図6-2 環境構成図② 生活発表会当日に使用する環境構成例〈遊戯室,ホール〉

コラム6
保育者どうしの連携について

相手の話をしっかり聞く，自分の用件を正確に伝える……これが連携の基本です。報告・連絡・相談・メモ（ほうれんそうメモ）のくせをつけましょう。

①ねらいの認識・共有
「お互いに支え合って，行事を成功させよう！」という同じ心をもつ。そのために，励まし合うこと。ねらいを明確にすること。

②明確な情報把握
「いつ」「だれが」「どこで」を明確にしておく。わからないことがあるときはすぐに聞く。「○○ですね」という確認を心がけること。連絡すべきことはすぐに相手に伝える。

しっかり確認！

③「すぐメモ」と確認
打ち合わせの内容を必ずメモする。前日に自分の仕事を必ず確認しておく。仕事でミスをしたときはすぐに報告し，謝る。その後の対処を相談する。

④二重・三重の連絡と相談
ほかの保育者に連絡・相談したいが不在，または忙しそうだ，というときは，電話をするか，用件・名前・日時を書いたメモを貼っておき，あとで確認する。

第7章 特別な配慮が必要な子どもの個別の指導計画と指導案

この章では，幼児期における個別の指導計画，そして指導案についてふれるとともに，それに基づく適切な支援のあり方について述べます。

今日，障害のある子どもが幼稚園や保育所で保育を受けることは珍しくありません。また発達にどこかしら気になる子どもも増えてきているといわれ，学齢期になると学習障害（LD），注意欠陥多動性障害（ADHD），高機能自閉症やアスペルガー症候群と診断される子どもも少なくありません。こうした特別な配慮の必要な子どもに対し，平成19年度から特別支援教育が本格的に始まり，幼児期からの適切な対応も求められてきています。平成29年度現在，幼稚園（幼保連携型認定こども園）において個別の指導計画を作成しているのは全体の78.7（84.1）％という状況です。

特別な配慮の必要な子どもの保育にあたっては，年齢やクラス別に集団として指導計画を立てることとあわせて，発達の程度や障害の状態に応じた個別の指導計画が必要です。

1 個別の指導目標の考え方

「日々の保育活動のなかで」子どもの発達をいかに支援していくのかについて考えてみましょう。障害のある子どもや「気になる子ども」が在籍すると，保育者は何か特別な指導法により対応しなければならないかのように感じるかもしれません。しかし統合保育場面において求められる「個に応じた適切な支援」とは特別な場所で行なう特別なやり方ではなく，他の子どもたちといっしょの保育活動のなかで，できる配慮を基本にすることです。

日々の保育活動は，①毎日，決まった生活リズムで規則正しく活動がくり返される（同じ時間に，同じ場所で，同じ活動がくり返される。場所と活動が対応し，保育の流れがある），②活動や手順の手がかりが明確である，③大勢の子どもたちといっしょに活動をする，④同じ手順で，一定のルールにしたがって活動することが求められる，といった基本的特質をもっています（藤原，2005）。

保育者は保育活動のなかで子どもの発達をうながしたり，社会的スキルを習得したりする機会をうまくとらえ支援していくことが求められます。

以下に具体的支援を考える3つのステップを示します。

①ステップ1 「保育における」子どもの支援目標を考える

保育場面は，個別の指導・訓練場面ではなく，あくまで遊びを主体とした生活の場です。したがって，子どもの支援目標は，「絵カードを見せて，『これは何？』とたずねた際，5回中4回以上，正しい名前が答えられる」などとはもちろんなりません。そうではなく，「保育所で使う自分の持ち物，遊びや生活に必要な身のまわりのものの名前がわかる」という目標だと，保育の活動に照らしても無理はなく妥当といえます。

②ステップ2　支援目標は保育中のどのような場面でねらうことができるかを考える

　特別な指導の場でなくても，毎日の保育の活動のなかに目標到達をねらう機会は，いくらでもあるものです。保育者は，そうした機会を見逃さず，それを子どもの成長のチャンスとして活かすことができるかが問われています。たとえば，先の目標でいえば，身の回りのものの名前をたずねたり，教えたりして支援目標の達成をねらう機会は，登園時，自由遊びの時間，集まりの時間，給食やおやつの時間，トイレの時間，降園時などの保育の活動のいたるところに含まれているのです。

③ステップ3　支援は，計画・実施・評価のサイクルでなされる

　目標をねらう保育場面を想定したら，保育者はその場面でどのような支援が

気付き	アセスメント	Plan（計画）	Do（実践）	See（評価）
・気になる幼児の困り感に気付く ・担任以外も気になる幼児の行動観察を行う	・保護者や前担任，家庭児童相談員などから情報収集 ・場面ごとの行動観察 ・KIDS やチェックリストを用いた発達評価	・実態把握の共通理解 ・個別の指導計画作成 ・具体的指導方法の検討	・指導方法の共通化 ・観察記録シートを基に事例検討会 ・気になる幼児の特性に応じた支援（絵カード，スケジュール，ソーシャルストーリー，手順表，SST など）	・成長した点や残された課題の明確化 ・指導計画，方法の見直し ・次年度への引継ぎ

図7-1　特別な配慮の必要な子どもの支援の流れ

できるか考えて，具体的な支援を計画し，それに基づいて保育を行ないます。そして必ず評価を最低でも各学期ごとには行ないましょう。

この3つのステップを，自閉症のA君を例に示しましょう。

事例

A君は，3歳で自閉症です。言葉の表出がまだありません。また手先も器用ではありません。A君の実態や保護者のニーズを勘案して，支援の短期目標として，「適切な場面で"○○してほしい"という要求を意味する動作を獲得し使用する」「手順表を用いながら登園・降園の準備ができる」としました。（ステップ1）

A君は，欲しいものがあれば，それが乳児室の衣装棚の上でも，遊戯室のピアノの上でもすぐにのぼって取りにいきます。先生は，これまではあぶないのでそのつど注意していました。しかし，よく観察していると，A君がほしいものは，どちらの場所でもその上に飾っているぬいぐるみだとわかりました。そこで，先生は，自分のクラスの本棚の上にぬいぐるみを置いておけば，きっとA君が欲しがって取るだろうと思い，支援目標を達成するいい機会ととらえて，どのように関わろうかとじっくり考えました。（ステップ2）

次の日，A君は登園してすぐに，クラスの本棚の上にぬいぐるみがあることに気がついたようです。すぐに走って取りにいこうとしましたが，壁に貼ってある手順表（図7-2）を指差し，「A君，シールをはります」と，まずは朝の登園の支度をさせました。その後，クラスの本棚の上にあるぬいぐるみを欲しそうにしているので，先生は，お母さんから聞いて知っていた「○○してちょうだい」の意味をあらわすサインを，言葉とともにA君にして見せました。すると，A君は「うー」といいながらそのサインをしたのです。先生はすぐに「ちょうだいできたね」と笑顔でほめ，ぬいぐるみを取って渡しました。（ステップ3）

図7-2　手順表

このように，特別な配慮の必要な子どもの保育では，決して特別な支援環境や教材が必要ではなく，日々の保育の活動のなかで，遊びや生活に必要なスキルを身につけることができます。したがって，その適切な機会をきちんととらえて関わることが保育者のセンスとして問われています。

2 個別の指導計画の作成

　次のページに園で使える「個別の指導計画」のフォームを示します。このなかの，「3．指導計画」（表7－1）の部分には，配慮の必要な子どもにとっての支援の短期目標と支援方針，そして評価の観点が明確化されて記されています。また「4．保育場面別の具体的指導計画」（表7－2）には，先にも述べた「保育活動が有している性質」を活用して，保育者がどのように支援にあたればよいのかが具体的に示されます。こうした具体的な指導計画を作成し，個に応じた支援を全園体制のもと行なうことで，特別な配慮の必要な子どもが園生活のなかで発達し自己実現が可能になります。

　実際に，子どもの支援のうえでたいせつになるのは，たんなる理念目標ではなく，具体的な支援目標の立案と，それを支える具体的な手立てです。とくに学期ごとの支援方針となる短期目標は重要です。短期目標は，主として担任保育者が設定しますが，特別な配慮の必要な子どもの保育には担任保育者以外にも加配の保育者や隣のクラスの保育者など実際には多くの支援者が子どもに携わっています。したがって目標の設定にあたっては，ケース会議（園内委員会）の場において担任保育者を中心としつつも職員全員が関わり，共通理解をもつことが重要です。

参考

子どもについて「今伸ばしたいこと」や「困っていること」を，すべての職員から付箋に書いてもらったうえで全員で見ながら似た意見を集約し（これをKJ法といいます），対応の優先順位を決める，という方法は，目標と支援の手立てに共通認識をもち全園体制で支援を進めるうえでとても有効です。

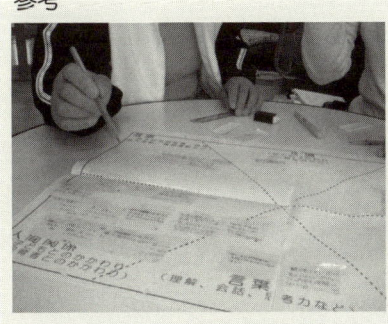

図7－3　支援目標の検討

表7−1　幼児期版・個別の指導計画（実態把握と支援目標）

個別の指導計画
平成　年度　記入日　年　月　日
対象児（　　　　　　）生年月日（　　生）クラス（　　　）担任（　　　　　）
作成関係者のサイン　保護者　　園長　　　主任　　　　　担任

1．子どもの実態

(1)	集団参加 対人関係 社会性	
(2)	言語 コミュニケーション	
(3)	運動・動作	
(4)	基礎的学習	
(5)	生活習慣	
(6)	情緒 （自信・意欲・ 自己認識）	

2．保護者の願い

3．指導計画

(1) 長期目標					
(2) クラス担任の願い					
(3) 短期目標[※1]	関連する支援領域[※2]		支援方針（いつ，どこで，どのようにがわかるように）	評価	
	保育内容	発達領域（KIDS）			
①	①健康 ②環境 ③表現 ④人間関係 ⑤言葉 ⑥その他（　　）	①運動 ②操作 ③理解言語 ④表出言語 ⑤概念 ⑥対子ども社会性 ⑦対成人社会性 ⑧しつけ ⑨食事		現状の評価 （達成できた，おおよそ達成できた，少し達成できた，達成できず） 今後の方針 （支援の継続が必要，目標や支援方法の見直しが必要） コメント	
②	①健康 ②環境 ③表現 ④人間関係 ⑤言葉 ⑥その他（　　）	①運動 ②操作 ③理解言語 ④表出言語 ⑤概念 ⑥対子ども社会性 ⑦対成人社会性 ⑧しつけ ⑨食事		現状の評価 （達成できた，おおよそ達成できた，少し達成できた，達成できず） 今後の方針 （支援の継続が必要，目標や支援方法の見直しが必要） コメント	
③	①健康 ②環境 ③表現 ④人間関係 ⑤言葉 ⑥その他（　　）	①運動 ②操作 ③理解言語 ④表出言語 ⑤概念 ⑥対子ども社会性 ⑦対成人社会性 ⑧しつけ ⑨食事		現状の評価 （達成できた，おおよそ達成できた，少し達成できた，達成できず） 今後の方針 （支援の継続が必要，目標や支援方法の見直しが必要） コメント	
(4) 幼児発達スケール（KIDS）および［気になる］子どもの行動チェックリスト（本郷，2006）による評価（別添）					
(5) 全体的評価					

※1　途中で変更・修正するときは，前の内容を消さずに，変更した内容がわかるように下に書き直す．
※2　あてはまると思われる支援領域すべてに○をする．数を限定するものではない．

幼児期版・個別の指導計画（実態把握と支援目標）　水内（2007）より引用

表7-2 ダウン症(3歳児)の「保育場面別具体的指導計画」
E男　記入者氏名　Y先生

短期目標/保育活動	登園	自由遊び(屋内)	自由遊び(屋外)(砂遊び)	お集まり	食事・おやつ	降園	その他
1. 友だちをたたいたり髪の毛をひっぱったりせず,気持ちや要求を言葉で伝える。	×	本児からダメなことをしていると思われる行動をしている子どもの髪の毛をひっぱった場合は「お口で言ってね」と言う。	遊具をかしてほしいときは,「かして」と言う。かしてっていした場合は「まぜて」って言えばいいんだよ。髪の毛をひっぱるのはダメだよ,やさしく伝え,ごめんなさいと伝える。	△	×	お友だちといっしょに遊びたくしていた場合は「まぜて」って言えばいいんだよ。髪の毛をひっぱるのはダメだよと伝える。	×
2. 大人にとって都合の悪い危険なところへ行ってはいけないことを理解する。	×	あぶない場所に行ったときはここに行ったらあぶないくらケガしちゃうよ,いたいんだよとあぶないことを伝える。	○ (門から出ていし,決められた場所以外で三輪車に乗る)	×	△	電気のところに行ったときは「ビリビリだよ」と本児にわかる言葉で伝える。	×
3. 自由遊びからお集まりへの移行がスムースにできるようになる。	×	「今からお集まりだよ」と声をかけても気持ちがそらしたり,「今日何かねる?」とその日のお集まりで歌いそうな歌などをいっしょに歌うなどして気分を高める。	○ (まだ遊びたいとき)	×	×		×
4. 部屋から出ることをまや会話ではないことをまずしとしても「同じもので遊ぶ?」と本児といっしょに遊びを見つけ,本児がそれにずしといっしょできるまでことばがけをし,いっしょに楽しむ。	×	○ (片付けが終わり,部屋ではないところに行きたくなる)	×	○ (お集まりに参加したくないとき)	○ (まだ準備ができていないとき・ならびたくないとき)	あまり長い列に参加させるのではなく,途中,近くにあるかましの2,3人のところに本児を入れてあげ,待つことができるなど配慮をかして,本児の行動がとがでるきるなら配慮し,本児の行動がターンを理解しておく。	

各活動場面の上段には,短期目標に対応する場面や状況があるかを記号で記入します。(よくある○ たまにある△ ほとんどない×)
下段には,具体的にどのように支援するかを書き込みます。

ダウン症児(3歳児)の「保育場面別具体的指導計画」水内(2007)より引用

ポイント

◎「個別の指導計画」と「観察記録シート」とを効果的に活用

　障害のある子どものいるクラスの保育者は，多くの悩みやストレスを抱えているという報告がみられます。その理由として，「障害のある子どもに何をどう支援していいのかわからない」，「障害のある子どもの保育を自分ひとりで抱え込んでしまう」といったことあるようです。このどちらの問題に対しても，障害のある子どもの保育を，園全体でおこなうという意識と体制作りができていればよいのですが，たとえば，子どもの支援目標を保育者全員で考えたり定期的なケース検討会を開催するというのは，実際には忙しい保育の現場ではなかなか難しいのも現状です。支援目標を決定したり，どの場面でどのような支援をおこなうのかを考えることの重要性は言うまでもありませんが，ここでは，保育実践に活かすことのできる「観察記録シート」を紹介します。個別の指導計画のうち，「4．保育場面別の具体的指導計画」（表7-2）は，子どもの支援目標が何で，どのような場面でどういった支援が必要かがわかりやすくなっています。ですからこの部分をコピーし，保育室の所定の位置にファイルにとじて置いておき（ただし個人情報ですので取り扱いには注意します），いつでも誰でも共通の意識を持って支援にあたれるようにしましょう。さらに，子どもの状態は変化していくため，表7-3の「観察記録シート」にできるようになったことの有無やそのときの支援のしかたがどのようなものだったのかなどをその都度書き込みます。職員の誰もが書けるように，職員室の入り口にこの用紙を印刷して置いておくとよいでしょう。大切なのはすぐに書き込むことです。実際にある幼稚園で，短期目標に基づいて記録をとる「観察記録シート」を担任保育者を含めたすべての職員が定期的なケース会議や園内委員会のときに持ち寄りの支援の成果と今後の方向性を検討する際の資料としたところ，職員全体で対象児を支援していこうとする意識が高まり，また実際に支援方法の共有化ができたことで子どもが自信を持って活動に取り組む姿が増えました。

表7－3　短期目標に即して記入する「観察記録ノート」

観察記録シートE男
記入者指名ST（加配保育者）
2005年　○月　○日

活動場面	自由遊び（ブランコ）	
参加者	E男，K恵	
短期目標との関係 　関係あり○ 　やや関係あり△ 　関係なし×	○	1. 友人をたたいたり髪の毛をひっぱったりせず，気持ちや要求をことばで伝える。
	×	2. 大人にとって都合の悪い危険なところへ行ってはいけないことを理解する。
	△	3. 自由遊びからお集りへの移行がスムーズにできるようになる。
	×	4. 部屋から出るときや活動と違うことをしたときは，ことばで伝える。

活動の記録

支援者の言動	対象児の言動	他児の言動
ブランコ交代の歌を歌う。		ブランコ交代の歌を歌う。
	ブランコ交代の歌が終わってもブランコをこぎ続ける。	
		K恵：E男ちゃん代わってくれん！代わって！ （ブランコを揺らす）
	K恵を突き放す。	
ST：E男ちゃん10回したね。交代だね。		
		K恵：代わってよ （泣きそう）
ST：10回したし交代だね。かわりばんこできないのかな？	E男：いや!!	
	E男：できない!!	

参考
・T先生の話では，ブランコのかわりばんこをスムーズにできない子は多い。E男もその一人で何を言っても代わってくれなかった。初回からのかかわり方で子どもたちに先生としてではなくお姉ちゃん先生として見られていることもあるせいか，T先生やY先生が指導すると，かわりばんこを渋っていた他児もE男もブランコを代わることができていた。やはり，担当の先生方に指導をお願いしたほうが社会性の発達には有効なようだ。
・かわりばんこの意味をE男はわかっているのかなと思うこともあった。もしわかっていなければ一緒に歌っても効果がないと思うので，次回ブランコに乗る機会があれば一緒に歌ってみて交代できるか，またE男が順番待ちの時に歌を歌っていて自分の順番に代わることができているか，などを見ていきたい。もし，代わるということがわかっていなければ，ブランコ交代のほかの方法を考えてみても良いかなと思った。E男と仲良しのR男やE子もかわりばんこがスムーズではなかったので他児にも分かりやすい方法になるかなとも思った。けれど，ただのわがままかもしれないので，担当保育者から情報を得たり，観察をもっと深める必要があるなと思った。
・ブランコを交代しないE男を見て，「E男ちゃんが交代してないのに何で自分は交代しなきゃいけないの！」という子どももおり，他児にとっても影響が見られている。

短期目標に即して記入する「観察記録シート」　水内（2007）より引用

3 特別な配慮の必要な子どものいるクラスの指導案と個に応じた支援の実際

B君（男児）：アスペルガー症候群の疑い。4歳（年中児）
特　　徴：・気に入らないことがあるとすぐに手がでる。
　　　　　・場面や状況が読めないため「かして」や「まぜて（仲間に入れて）」と言えずトラブルになる。
短期目標：①乱暴しないで代わりの表現を身につけてほしい。
　　　　　②好きな遊びを見つけて友だちといっしょに楽しんでほしい（落ち着いて遊び込めるように）。

事例：クラスメートとの遊びの仲間入りスキルの習得

　戦いごっこに突然参入し本気で友だちを叩く，蹴るなど現実とごっこが混沌とし，相手のいやがる表情や気持ちを感じ取れないB君
　仲間入りのしかたと友だちとの戦いごっこにおける遊び方をテーマにした「楽しく友だちと遊ぶためには……」というソーシャルストーリー的なプレゼンテーションをB君を含むクラス全員に見せ，視覚をとおしてルールの共通理解を図った。相手のいやがっている表情や気持ちに気づかせるとともに，画面と同じ絵（図7-4）をクラス内に掲示しルールをふり返れるようにした。また，B君の課題を全職員で共通理解し，担任保育者を中心に指導にあたった。
　その後B君は「まぜて」と仲間入りし，「まねっこパンチだね」と気をつけて遊ぶようになった。他児もB君が突然遊びに入ってくるときには「『まぜて』というんだよ」と伝えるようになった。他の遊びにおいても，遊びに入りたくてじゃまをしたり友だちがつくったものを壊したりせず，友だちと場を共有しながら自分の好きな遊びに取り組めるようになった。
　〈考察〉まねっこパンチで戦うというクラス共通のルールを決めたことにより，皆で守って遊ぼうという気持ちがめばえ，友だちが「まねっこでするんだよ」とB君に気づきをうながし，遊びを続けられるようになった。

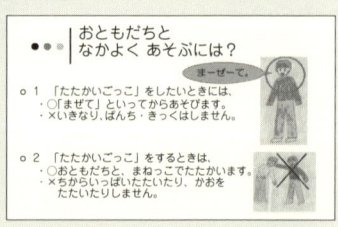

図7-4　クラスに掲示したルール

《4歳児クラス　自由遊びの時間　指導案》

全体のねらい
・友だちといっしょに遊ぶことをよろこび，継続する。
・自分から遊びを提案したり，友だちの意見を尊重したりする

表7－4　自由あそび指導案

時間	予想される遊びや活動	保育上の配慮・環境準備・配慮事項	B児にとっての配慮（丸数字は短期目標との関係を示す）
	・○○レンジャーごっこ（室内） ・絵本をみる（室内） ・運動遊び（プレイルーム） ・恐竜探検（園庭）	○○レンジャーごっこに必要な武器などを作成できるように製作コーナーを準備する。 レンジャーショーができるようにクラスの前方を広く取り昨日まで使っていた舞台を準備しておく。 （省略）	・いきなり友だちにキックやパンチをしないよう，壁に貼った遊びのルールを確認しておく（ST）。② ・本気モードになってきたら「まねっこパンチだよね」と言葉をかける（MT，ST）。② ・みんなといっしょに過ごすことの楽しさに気づかせるよう励ます（MT，ST）。 （省略）

※表中の番号は短期目標との関係を示している。　　　　MT：担任保育者　ST：加配保育者

ポイント

「個別の指導計画」と「指導案」との関係

　指導案には，①一般的な年齢別やクラス別の指導案に特別な配慮の必要な子どもに関する事項を追加したもの（上述の指導案例）と，②子ども個別の指導案とがありますが，忙しい保育現場においては①のスタイルのほうが多く見られます。①の場合，個別の指導計画との関係性を考えて以下の2つの点について留意し，計画する必要があります。
・活動や配慮事項は，個別の指導計画の目標（とくに短期目標）との関係を意識したものになっているか。
・活動や配慮事項は，だれが責任をもって行なうのか。

コラム7
障害の理解の方法

　障害のある，あるいは気になる子どもの理解において，まずたいせつなのは保育者による観察，それも保育場面における子どもの行動観察です。はさみの使い方はどうか？　他児とのコミュニケーションはできるか？　など，実際に生活場面から得られる情報は，具体的に支援方針を考えるうえでも重要です。それと同時に，客観的な視点で子どもの発達や社会性の程度を把握することも，個に応じた適切な支援を考えるうえでたいせつなことです。

　保育者が短時間で簡単につけることができる指標には，全般的な発達を把握するものとして「KIDS（乳幼児発達スケール）」や「遠城寺式乳幼児分析的発達検査法」などがあります。筆者は項目の新しさや使いやすさからKIDSをおすすめします。ただし，これらの検査は，子どもの客観的理解に有効ですが，通過しなかった（できなかった）項目の内容がそのまま指導すべき内容となるわけではありません。また，気になる子どもを保育場面のなかで理解するものとして「気になる子どもの行動チェックリスト」（本郷，2006）が有効です。筆者が携わっている幼稚園では，KIDSと「気になる子どもの行動チェックリスト」とを，個別の指導計画のなかの客観的な子ども理解（アセスメント）として使用し，また学期ごとにつけることで発達面や困った行動がどのように変容したかをわかりやすくとらえることができ，ケース会議などでも活用しています。

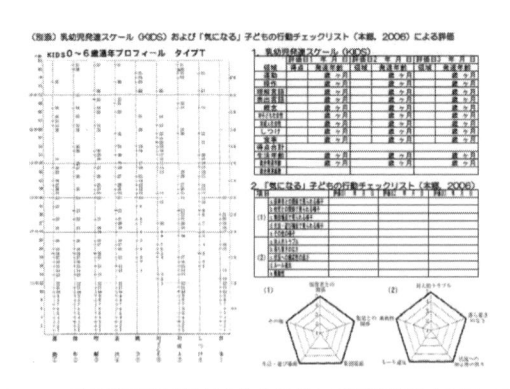

図7-4　客観的指標を取り入れた子どもの発達評価（本郷，2006）

第8章 内容別指導案

　この章ではおもに（1）音楽的活動（2）造形的活動（3）身体的活動（4）長時間保育（5）子育て支援（6）保幼小連携についての指導案を取り上げます。一日を単位として生活しさまざまな姿を見せてくれる子どもたちは，日々いろいろな表現をしています。この表現をさらに豊かにするために，生活の主体者である子どもの自己充実に向けて，保育者自身が豊かな感性をもって子どもと関わらなければなりません。

　「子どもの発達に即した経験してもらいたい活動は何か」「そのためにどのような環境を整えたらよいのか」「何よりもまず，保育者が楽しいと感じているだろうか」「楽しいと感じているなら，その気持ちは子どもと共有しているだろうか」，この4点を中心に考えていきましょう。
　（1）音楽的活動では「声と音でこんにちは！」
　（2）造形的活動では「不思議・ふしぎ・色が生まれる！」
　（3）身体的活動では「みんなで大汗ワーイワイ！」
　（4）長時間保育では「集まるってすてきだね」
　（5）子育て支援では「親子で新聞紙遊び」
　（6）保幼小連携では「え～！こんなに小さかったの？」
　　　　　　　　　　　「ちょっとドキドキ小学校探検」
　毎日をともに過ごす保育者なら，子どもの興味・関心にふさわしい保育内容も可能でしょうが，短期間の実習生として子どもと関わり指導しなければならないとき，子ども一人ひとりの遊びの展開を予想して指導案を立てるのは困難なことといえます。しかし子どもに経験してもらいたい活動を，指導する人が楽しいと感じているのなら，子どもと楽しさを共有することはそれほどむずかしくないのではないでしょうか。子どもの動きからたくさんのヒントを得て，新たな活動へ広がることもあります。
　とにかく実践してみましょう。そこから新たな枝葉が出てくるはずです。

1 音楽的活動の指導案

①子どもにとっての音楽とは?

　子どもは音に敏感に反応しますが，子どもにとっての音楽は，歌ったり楽器を弾いたりすることだけではありません。「話し言葉」そのもののなかに音楽を感じています。音楽には，リズム・メロディー・ハーモニーの三要素がありますが，話し言葉には，それらすべてが入っているのです。たとえば「あそぼ～」「いれて～」「○○ちゃん，あそぼ」「あとで」など，子どもが遊び始めるきっかけとなる言葉には，必ず含まれています。

　また話し言葉だけでなく，風・雨・乗り物の音や動物の鳴き声からお話を想像し，音楽を感じているのが子どもです。毎日使っているお茶碗やコップをお箸で叩きながら歌うなど，子どもは音づくりの天才です。

②音づくり

　子どものまわりには，いろいろな音があふれています。まず自分の体から音をつくってみましょう。どんな音が出るかな?

◎自分の体から音をつくる
- 手でさまざまな所を叩く→ パンパン，パタンパタン，バタバタなど
- 自分の体を叩く→ ペタペタ，パチパチなど
- さまざまな所で足踏みをする→ ドンドン，ドスンドスン，ドタドタなど
- 口笛を吹く→ ヒューヒュー
- 息や声を出す→ フーフー，シューシュー，わあ～，キャ～など

◎いろいろな場所から音をつくる
- 机 → 椅子 → 扉 → 壁 → 廊下 → ガラス → 靴と靴
- 同じ大きさのコップに水の量を変えて入れる。

　＊同じものでも，打つものを替えると出てくる音も違ってきます。

　こうしてつくられた音を鳴らし続けると，不思議なことが起こります。初めは自由気ままに打ったり叩いたり雑然としていたのに，いつの間にか音が合ってくるのです。これは子ども自身がもっている力なのでしょうか。それとも音

楽のなせる技なのでしょうか。

③実習生の記録から（部分）

予想される子どもの動き	指導上の援助（配慮・留意点）
・絵本や好きなもので遊ぶ。	・ひつじのパペットを用意し，ポケットに隠しておく。 ・そばにいる子どもに，何か聞こえなかったか声がけし，子どもが気づきやすいように声音を変えたりする。
・実習生とパペットのやりとりを見る。	・ポケットからひつじのパペットを出し，実習生と会話を始め，子どもが興味を示すようにする。
・パペットのあいさつにこたえる。	・パペットを子どもに向け，子どもに話しかける。 ・パペットの声で，歌うようにあいさつし，自己紹介する。

実践後の気づき	指導案どおりに実践するのではなく，子どもには自分で考える時間の猶予を与えることがたいせつだということに気がついた。

　これは，実習生が実践した指導案の一部分です。この実習は3歳児を対象に6月上旬に行ないました。

○指導のポイント
・指導案どおりに進まなくてもよい。
・子どものようすを見て，内容の変更があってもかまわない。
・指導の前にシミュレーションしておく。
・どうしたいか子どもに聞き，子どもの意見を聞く。

④陥りやすい点

　「こうあってほしい」という気持ち（願い）はあって当然ですが，「こうしてほしい」という気持ちが強すぎると，いわゆる「やらせ」になってしまいます。とくに音楽的活動はそうなりがちです。

　子どもが楽しんでいるかどうかをよく見極めましょう。そして子どもの動きに合わせて，保育者自身がこうしたいと思い描いていた姿にとらわれず，子どもの表現にまかせて内容の一部を変更する，そんなくふうできる力がほしいものです。

　「みんなで～する」がたいせつなときもあります。でも，それだけでは息が詰まってしまいます。もっと自由に「それもあり」「これでもいいんだ」と考

えられたら，「音が苦」から「音楽」に変身できるのでは……？ そして保育も変わるのではないでしょうか？

⑤実践例

3歳児を対象とした指導案の一部を書きました。＊印のところではいろいろなパターンが考えられます。

《**音楽的活動の指導案**》

子どもの姿	友だちといっしょに知っている手遊びを楽しんだり，絵本のなかに擬音語が出てくると，節をつけて読む姿が見られる。
主 活 動	手遊び歌を歌ったり，絵本の読み聞かせから，リズム遊びを楽しむ。
ね ら い	①速度を変えたり，相手を替えたりして，手遊びを楽しむ。 ②絵本に出てくる擬音語に合わせ，手拍子や足拍子をする。 ③言葉のもつリズムに合わせ，いろいろなところを叩き，ものの音のちがいを楽しむ。

	環境の構成・準備	予想される子どもの動き	指導上の援助・留意点
10:30	用意するもの ・絵本「ひつじぱん」	・保育者の声がけでまわりに集まる。	・自由遊びの子どもに声をかけ，集まってきた子どもとともに手遊び「パンやさんにおかいもの」をする。
10:35	・リズム打ちしやすいように机・椅子を叩きやすい場所に置いておく。 ・タンバリンや両手打ちカスタネット，大小の太鼓を用意する。 ・天井からひも付き鈴を下げておき，下に引っ張ると音がなるようにしておく。	・いっしょに手遊びを楽しむ。 ・速度を変えたり，くすぐる相手を替えたりして何回か楽しむ。 ・座りなおし，絵本の読み聞かせを楽しむ。 ・自発的に声を出したり，誘いかけに応じて言ったりする。 ・絵本に出てきた擬音語を言いながら，手拍子したり，さまざまなところを叩いて遊ぶ。 ・叩く場所によって音のちがいに気づく。 ・自分の好きな擬音語のリズム打ちで，好きな所を叩く「音のリズムリレー」を楽しむ。	・手遊びの速度を変えたり，相手を替えたり，歌の最後のくすぐる部分を長くしたりして，何回か楽しむようにする。（＊1） ・座りなおすようにうながし，絵本を見せ読み始める。 ・言葉のもつリズムとメロディをたいせつに読み進める。 ・擬音語を強調して分りやすく伝わるように読み，子どもにも声を出して，いっしょに言うように誘いかける。 ・読み終えたら，絵本に出てきた擬音語を言いながら，手拍子したり，さまざまな所を叩くように言う。 ・叩く場所で音のちがいに気づくように，そのつどちがいをいって気づくようにする。 ・各自の好きな擬音語のリズムで手拍子をしたり，好きな所を叩くように，音のリレーの見本を示し「音のリズムリレー」をするように誘う。 ・同じ擬音語でも構わないことを話し，リズムだけでなく声を出して，音と声を同時に出すようにうながす。

＊1の部分では，次のようにもできます。このほかにどんなことが考えられるでしょうか。
・絵本「ひつじぱん」の読み聞かせをするので，「メリーさんのひつじ」を2人向き合って歌いながら，「ひつじ」の歌詞の部分で，リズム打ちをする。
・「ひつじ」の部分を別の動物におきかえ，リズム打ちをする。
　例：ぞう（ターン），かに（タンタン），カンガルー（タンタター）おっとせい（タンタタタ），あらいぐま（タタタタタ）など。
・「メリー」の名前を子どもの名前に変える。

2 造形的活動の指導案

①保育者自身の体験が「指導案」につながる

　造形的活動でいちばんたいせつなことは，子どもが「描いてみたい」「つくってみたい」という気持ちになることです。子どもと活動する前に，必ず保育者自身が体験しましょう。子どものように五感をとぎすまし，じょうずに表わそうとするのではなく，感じたことや考えたことを自分なりに素直に表現してみましょう。

　不思議，驚き，発見，楽しさ，おもしろさ，感動，よろこびなど，このときに心動かされたことこそが，子どもに伝えたいことです。さまざまな技法はその手段であって，技法を教えることがいちばんの目的ではありません。

　活動のなかで子どもの何を引き出し，何を育てようとしているのでしょうか。一人ひとりの子どもが，感じたこと，考えたことを自分なりに自信をもって表現できるように，そしてさまざまな表現を楽しいと感じられるように，保育者はどのような援助・指導をすればよいのでしょう？　素材の研究・選択も重要です。

　この項では「スクラッチ（ひっかき絵）」を例に，保育者Ａさんの体験が「指導案」にどのようにつながっていくか，その関係を具体的に考えてみます。

②保育者Ａさんの「スクラッチ」体験から

```
◎心の動き
何も考えずに好きな色をどんどん塗っていくのは楽しかったが，パスですき間なく塗りつぶすのは意外に大変で，時間もかかった。　　※１
　　↓
きれいに塗れて満足だった。
　　↓
その上を黒で塗りつぶすのは，心残りだった。
　　　　　　　　　　　　　　　　　　※２
削り始めた瞬間，その心残りは吹き飛んでいった。何色が出てくるか，削ってみないとわからないからワクワクした。
```

※１より
- 子どもの発達に合わせ，負担にならない紙の大きさを考えましょう。
- 材料は？　クレヨンよりパスのほうが柔らかく，広い面を塗りつぶす活動に適しています。
- 時間はどれくらい必要でしょうか。活動を２回に分ける方法もあります。

※2より

　「心残りだった」のに，なぜAさんは黒で塗りつぶすことができたのでしょう。Aさんは「あとで楽しいことが待っている」ことを知っていたからですね。黒で塗りつぶすときの子どもの気持ちを考えるなら，活動の最初にまず，あらかじめ黒く塗りつぶしておいた見本を削って見せるのが効果的ではないでしょうか。子どもの興味・意欲を引き出す導入にもなり，子どもは安心して黒で塗りつぶすことができます。

◎気づき
下地として最初に塗る色は，
a. 細かく塗り分けたほうが，削ったときにいろいろな色が出てきて楽しい。
b. 明るい色を使ったほうが黒に映えて効果的。
c. 黒や暗い色で塗ると，削ったときにがっかりする。

◎発見
d. 削ったあとでもう一度黒のパスを塗ると，修正する（やり直す）ことができる。

　Aさんの気づきや発見を，どのように指導案につなげればよいでしょう。

　a.やb.のような見本をつくっておけばよいのでしょうか。子どもが塗り始める前に，a., b., c.のように声がけすればよいのでしょうか。

　それとも，教えないで活動のなかで子どもに気づかせることに意味があるのでしょうか。いろいろな色を塗るときに黒で塗っている子どもがいたら，あなたならどうしますか。Aさんのようにがっかりするかもしれません。そうなる前に，黒を使わないように言いますか（気づかせますか）。

　答えは子どもの年齢，活動のねらい，1回きりの活動なのか再度できるのかなどによって一通りではありませんが，d.などは，子ども自身が見つけるよろこびを奪いたくないものです。

　このように，保育者自身の体験をもとに子どもの活動をイメージしていくと，たとえば，パスで塗る前に作品の裏に名前を書いておいたほうがよいことに気づきます。塗っているとき，削っているときに手や服，机の上などがかなり汚れることがわかり，その対策が考えられます。何で削ると楽しいか，どのように持ち帰るかなど，準備，指導上の援助・留意点が自然に思い浮かび，さらに，この活動を次にどのようにつなげるかなど「指導案」を考えることが楽しくなってきます。

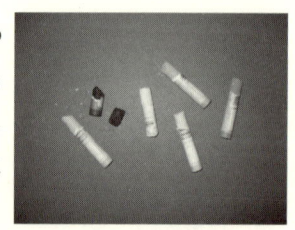

③実践例

あくまでも一例です。自分なりに補足・くふうしてください。

《造形的活動の指導案》～不思議・ふしぎ・色が生まれる！

11月○日（ ）曜日		保育者氏名	
クラス名	4歳児　○組	男児 ○名 女児 ○名 計 ○名	
現在の子どもの姿		ねらい及び活動	
雨の日が続き，室内でじっくりと自由画帳に絵を描く子どもの姿が多く見られる。色に対する興味も感じられ，絵本「○○○○」の読み聞かせにより造形あそびへの意欲が高まっている。		<ねらい> ・ひっかくと色が出てくる面白さ，不思議さ，美しさなどを感じ，自分なりに工夫して表現する。 ・感動したこと，発見したことなどを伝え合う楽しさを味わう。 <活動> 　スクラッチ（ひっかき絵）をする。	

時間	環境の構成及び準備	子どもの活動	指導上の援助・留意点
10:00	・事前に割り箸ペン，見本，子どもの名前を書いたシールをつくっておく。 〈環境構成〉 （略） 〈準備するもの〉 ・八つ切り画用紙を4等分したもの 人数分＋予備 ・割り箸ペン 人数分＋予備 ・見本 　A. いろいろな色で塗り分けたもの 3種類 　B. その上を黒のパスで塗りつぶしたもの 見本A　3種類の図 （略） ・見本を貼るマグネット	・スモックを着て保育者のまわりに集まる。 ・保育者の話を聞く。 ・保育者が見本を削るのを見る。 ・パスとはさみを取りに行き，席に座る。 ・当番から画用紙を受け取る。 ・見本を参考に画用紙を好きな形に切る。	・排泄・手洗いを終えた子どもからスモックを着用し，保育者のまわりに集まるよう声がけする。 ・全員揃ったら，絵本「○○○○」の話を子どもとともに思い出しながら，これからする活動について話す。 ・子ども全員がよく見える位置で，まず見本Bを割り箸ペンで削って見せ，興味・意欲を引き出すようにする。その際，子ども一人ひとりの表情や発する言葉にこたえながら，驚きや感動などに共感するとともに，子どもの「やってみたい」という意欲を高め，割り箸ペンを使うときの注意点も約束する。 ・自分のパスとはさみを取りに行き，席に座るよう言う。 ・当番に，画用紙を配るよう声がけする。 ・見本A（裏返しにしたもの）を示しながら好きな形に切るように言うが，小さくならないように付け
10:10			
10:20			

第8章　内容別指導案

10:30	・名前シール　全員分 ・新聞紙　○日分 ・台拭き　○枚 〈スクラッチの方法〉 ①画用紙をいろいろな色のパスで塗り分ける。 ②①の上を黒のパスで塗りつぶす。 ③割り箸ペンでひっかいて絵や模様を描き楽しむ。削れた部分から下の色が見えてくる。 〈割り箸ペンを使うときの注意点〉 ・持ったまま歩かない。 ・ふざけて友だちに先を向けたりしない。	・切りくずを捨てに行く。 ・腕まくりをする。 ・画用紙をいろいろな色で自由にくふうして塗る。	加える。 ・切り屑をゴミ箱に捨てるよううながし，その間に画用紙の裏に名前シールを貼る。 ・腕まくりをするよううながす。 ・見本A（違う塗り方をしたもの3種類）を見せ，いろいろな色で自由にくふうして塗るように言う。黒はあとでたくさん使うので今は使わないように声がけする。 ・色が塗れたら保育者に知らせるように伝えておき，個々の状況に応じた援助をする。 ・白いところが残らないようにしっかり塗りつぶしたほうが，あとで削ったときにきれいに色が浮き出ることを知らせる。 ・楽しみながら塗っている子どもが話しかけてきたときは，一人ひとりの発言を受けとめ共感をもって聞き，より楽しい気持ちで製作できるよう声がけする。 ・最後まで意欲を持って塗ることができるよう，肯定的な言葉をかけながら励まし，製作が続けられるようにする。
10:45		・下地の上を黒のパスで塗りつぶす。 ・割り箸ペンで自由に引っかいて絵や模様を描く。	・下地の色が塗れた子どもには，その上を黒のパスで塗りつぶすよう言う。 ・黒で塗りつぶした子どもに，再度約束を確認したうえで割り箸ペンを渡し，自由に引っかいて絵や模様を描くよう誘う。 ・「削ったあとでもう一度黒のパスを塗るとやり直しできる」など，自分で気づいたりくふうする子どもがいたら，発見したこと，くふうしたことなどをほめ，発見や感動，自分の考えを友だちと伝え合う楽しさ，よろこびを味わうことができるよう見守る。
11:00		・早く完成した子どもは小さめの画用紙でもう1枚つくる。 ・完成した作品を保育者に渡し，片付けと手洗いをする。 ・保育者の話を聞く。	・早く完成した子どもには，小さめの画用紙を渡し，もう1枚つくるよう誘いかける。 ・一人ひとりの作品を認めながら預かり，片付けと手洗いをうながす。 ・スクラッチの作品を，後日壁面構成に活用することを話し，次への期待，意欲へとつなげる。 ・机の上を拭きながら，床の上にパスの削り屑が落ちていないか点検する。

3 身体的活動の指導案

①遊びをとおして身体的活動の楽しさを知る

　子どもは体を動かすことが大好きです。ひとりで場所移動できないときでさえ，手足をバタバタ動かしたりして遊びます。ここでは体を動かす楽しさを，いろいろな遊びから知ることにしましょう。子どもはいろいろな遊びをとおして身体的活動の楽しさを身につけます。ひとりで遊ぶ楽しさを覚えたら，みんなでいるともっと楽しいという気持ちに気づくようになります。たくさんの遊びの経験から，子ども自身で遊びのなかにルールをつくり出したり，ルールのある遊びに興味や関心を示すようになります。しかし忘れてはならないのは，子どもにとっては，単純な遊びほどおもしろいという事実です。保育者は複雑なルールのあるゲームを好みがちですが，飽きずに何度もくり返す子どもの心に気づきましょう。子どもたちは単純な内容にプラスして，よりおもしろい活動へ変化させる力を発揮します。ここでは2つの身体的活動の遊びを紹介します。この遊びについての指導案はそれぞれで考えてみてください。

〈ロケットはっしゃー〉
1. 2グループに分かれ紙飛行機を折る。折れたら，それぞれの籠の所まで行き，飛行機を投げ入れる。
2. 入ったらもどって，次の紙飛行機を折る，をくり返し，時間までどちらが入ったかを競う。

〈みんなで大汗ワーイワイ！〉
1. 4グループに分かれ，各自で新聞紙を筒状に長く丸めたものを4本つくる。
2. 2本ずつをより合わせて2本にする。
3. 2本を真ん中で絡ませ四隅を各グループで持ち同時に引っ張り綱引きをする。

②実践例

4歳児を対象とした指導案の一部です。

《身体的活動の指導案》

子どもの姿	鬼ごっこやかけっこをしたり，友だちといっしょに遊びに夢中になる姿が見られるようになったが，競争する気持ちが強くですぎて，時には喧嘩する姿が見られる。
主活動	「たいやきたこやき」ゲーム
ねらい	①自分の役を知り，「たいやきたこやき」ゲームに参加する。 ②合図の言葉を聞きとり，体を充分に動かしながらゲームを楽しむ。 ③言葉を聞いて，反応する力と瞬発力をつける。

環境の構成・準備	予想される子どもの動き	指導上の援助・留意点
・ホール（遊戯室）を使用するので，ホールにある遊具は片付けておく。 ・ホールの中央にビニールテープで2本線を引いておく。 ［ゲームⅠ説明］ ①2人でグーパーじゃんけんをする。 　グー→たこやき 　パー→たいやき ②握手をして離さないようにし，合図の言葉を聞いて瞬時にもう片方の手で相手の握手している手を叩く。 ④叩かれる側は，もう片方の手でブロックする。 ⑤「たたいやき」などのように，頭言葉を何度かくり返しまぎらわしくする。 ⑥相手や役割を替えて行なう。 ［ゲームⅡ説明］ ①グーパーじゃんけんで役割を決め，2列に並び背中合わせになる。 ②自分のチームへの合図があったらふり返って追いかける。 ③相手チームは，合図とともに捕まらないように大急ぎで壁まで逃げる。	・ホールに移動したら2人で向き合い，「たいやきたこやき」の手遊びを友だちを替えて何回かする。 ・2人でグーパーじゃんけんをし，たいやきたこやきのチームに分かれて並ぶ。 ・右手で握手をし，説明を聞いて，保育者の言葉の合図を待つ。 ・保育者の言葉の合図で叩いたりブロックしたりして遊ぶ。 ・握手の相手や役割を替えて楽しむ。 ・手を離し，グーパーじゃんけんをしたら，中央線の所に2列で並ぶ。 ・自分のチーム名が呼ばれたら手をあげる。 ・ゲーム説明を聞き，背中合わせになって合図の言葉を聞いたら追いかける。 ・反対のチームは捕まらないように，壁に向かって逃げる。	・移動するように声がけし，2人で向き合い「たいやきたこやき」の手遊びを，友だちを替えて何回か行なうように言う。 ・グーパーじゃんけんでグー（たこやき），パー（たいやき）チームに分かれて並ぶようにうながす。 ・右手で握手をし，手を離さないように言う。 ・保育者の言葉の合図をよく聞き，握手している相手の甲を叩いたり，もう片方の手でじょうずにブロックするように見本を交えて説明する。 ・子どものようすを見ながら何回か行なう。 ・次に，頭言葉の「た」を何度も言ってまぎらわしくすることで，言葉に反応する力がつくようにする。 ・「たたたたこやき」「たたたいやき」など，長くしたり短く言ったりしてまぎらわしくすることで，より楽しくなるようにする。 ・握手の相手や役割も替え，ゲームがよりおもしろくなるようにする。混乱して分かりにくくならないように注意する。 ・子どものようすを見て何回か楽しんだら握手を離し，もう一度グーパーじゃんけんをして2本の中央線に合わせて並ぶようにうながす。 ・自分がどちらのチームかわかるように，チーム名を言って手をあげるようにする。 ・ゲーム説明をしたら，背中合わせになり合図の言葉を言う。 ・ゲームⅠのように，頭言葉を何度か言ってまぎらわしくし，言葉への反応と瞬時に動く力が身に付くようにする。

2列に並んでいると，壁に向かって走るだけの直線の動きで終わってしまいます。もうちょっと冒険をプラスして，2列に並ばないでさまざまな方向へ逃げられるようにすると，もっとおもしろいでしょう。遊びに危険はつきものですが，おそれすぎるとのびのびと遊ぶことができません。子どものもつ危険回避の能力の育ちをはかりながら，保育者が注意深く見守りましょう。

4 長時間保育の指導案

①一人ひとりの子どもの心に寄り添う

　どの子どもも首を長くして待つおむかえまでの時間です。ここまではおもに年齢別（3歳以上児）を対象とした指導案を書いてきましたが，長時間保育は個別対応を基本とします。

　早朝登園した子どもは不安でいっぱいの気持ちを抱えていたり，もっとかまってもらいたい，もう少し眠りたい，という気持ちを抑えて登園していたりすることが多いものです。また，おむかえがなかなか来ない子どもも，おむかえが早く来てほしい，という焦りにも似た気持ちが生じています。こういった子どもの気持ちに少しでも寄り添うには，子ども一人ひとりのもつリズムを見極め手厚い援助が必要となります。この指導案では一つのゲームを取り上げましたが，おむかえを待つ子どもの人数によって，絵本や紙芝居を読んだり，パネルシアターを演じるなど，子どもの心に生じる不安を少しでも小さくし，落ち着いて過ごせるように，個々の子どもの遊びに合わせた手厚い対応がたいせつです。援助する保育者の複雑な勤務体制や，パート保育者や専門性の異なる職員との煩雑な申し送りなど，保育する側の密接な協力なしで保育は成り立ちません。しかし，年齢別の枠を超えた子どもどうしのかかわりから，子どもは遊びながら育つということ，また「人」は「人」の間で育つということを実感することができるのも長時間保育の特長といえるでしょう。

　子どもは一日の大半を園で過ごします。だからこそ「今日は楽しいことがいっぱいあった」と，子どもが実感できるような保育の流れが必要ですし，「明日もまた，きっとおもしろいことがたくさんあるよね」といった明日への期待に繋がるようなかかわりがたいせつだと思います。早朝登園した子どもも，おむかえの遅い子どもも，ワクワクドキドキして過ごす保育内容であってほしいものです。

　とくにおむかえの遅い子どもへの対応について，指導案の一部を示しました。
　おむかえの保護者には軽食の内容や量を話し，帰宅後の食事に差し障りがないようにしましょう。何よりも一人ひとりへの思いやりをたいせつにしましょう。

②実践例

《長時間保育の指導案（例1）》

活動内容	「どのいろ，このいろ，そのいろ，あのいろ」遊びを楽しむ。
ねらい	①おむかえまでの時間を楽しく過ごす。 ②年齢の違うお友だちともなかよく遊ぶ。

環境の構成・準備	予想される子どもの姿	指導上の援助・留意点
〈用意するもの〉 ・プラフォーミング（赤と青を子どもの数だけ準備する）。 ・子どもが集まる部屋を片付け，広さを充分にとる。 ・持ち物を置く机を，遊びにじゃまにならないところに用意する。 ・個々の遊びに対応できるように，絵本・ブロック・積み木・おままごとセット・人形などを用意する。 〈ゲーム説明〉 ①人数分の上下色の違うプラフォーミングを用意する。 ②2チームに分かれ，それぞれの色を決める。 ③合図で自分のチーム色でないプラフォーミングを裏返し，自分のチーム色に変える。 ④終わりの合図で，どちらの色が多いか競争する。	・降園の用意をして指定された部屋に集まり，持ち物を置く。 ・お話しを聞いて，プラフォーミング遊びを楽しんだり，好きな遊びをしておむかえまで遊ぶ。 ・自分の好きな色のプラフォーミングのところで立つ。 ・どういうゲームなのか説明を聞き，合図とともに自分の色以外のプラフォーミングを裏返す。 ・自分の色以外のプラフォーミングを裏返し，自分の色のプラフォーミングが何枚残っているか競争する。 ・チーム編成を変えたり，プラフォーミングの色を変えたりして，おむかえまで遊びを楽しむ。 ・何回かゲームを楽しむ。 ・ゲームが成り立たなくなったら，一人ひとり好きな遊びをしておむかえを待つ。 ・おむかえが来た子どもから遊びをやめ，片付けをして忘れ物がないように降園する。	・担任からおむかえの遅い子どもの申し送りを聞き，一人ひとりの遊びに対応できるように，遊具やおもちゃを用意しておく。 ・お部屋に集まった一人ひとりに持ち物を置くように呼びかける。 ・みんなでプラフォーミングを使っておむかえまで遊ぶように誘う。 ・体調がすぐれなかったり，みんなと遊ぶのをいやがる子どもには個別に対応し，無理じいしないように配慮する。 ・個別遊びの子どもには，不安な気持ちにならないよう，声がけを多くして関わるようにする。 ・プラフォーミングをランダムに置き，それぞれ好きな色のところで立つように言う。 ・上下で色が違うことを話し，自分の色が裏返されたら，直ぐ元にもどし，相手チームのプラフォーミングを裏返すようにする。 ・子どものようすを見て，合図のタイミングを決める。 ・プラフォーミングの色や数を変えたり，チーム編成を変えるなど，おむかえの子どもの人数に合わせて行なうようにする。 ・ゲームをしているときも，個別に遊んでいる子どものようすに目を配るよう，気をつける。 ・一人ひとりで遊んでいる子どもと関わっている保育者と手短に情報交換する。 ・子どもの人数が減ってきたら，プラフォーミングの数を減らすなど，適宜に対応する。 ・何回かゲームを行ない，子どもの人数と子どものようすを見て別の遊びに誘うなど，個別の対応をし，おむかえまでの時間，楽しく過ごせるようにする。 ・子ども一人ひとりの状況を把握し，保育者間で情報を共有しておく。 ・降園する子どもに忘れ物がないかたずね，明日も元気に登園するように声をかけ，明日への期待につながるようにする。 ・おむかえの保護者へは，おむかえまでの時間をどのように過ごしたかなど，子どものようすを不安にならないように話す。 ・すべての子どもが降園したら，遊びに使った用具を片付ける。

《長時間保育の指導案（例2）》

環境の構成・準備	予想される子どもの姿	指導上の援助・留意点
・畳の部屋があればそこを使用する。なければマットを敷き座布団を並べて座り、家庭的な環境づくりをする。 ・丸テーブルに飾るお花を準備しておく。 ・丸テーブルを用意する。 ・軽食（サンドイッチとジュース）を用意する。 ・アレルギーや子どもの食べる量に注意する。	・遊びに使った遊具やおもちゃを保育者といっしょにほとんど片付け、手洗いをすませ座布団に座って待つ。 ・オムツを替える必要のある子どもは、替えてもらう。 ・保育者の誘いかけに応じながら、テーブルを拭いたり、お花をテーブルに飾ったり、自分のできるお手伝いをする。 ・保育者といっしょに「いただきます」を言ってから食べ始める。 ・隣どうしで話したり、保育者と会話しながらサンドイッチを食べる。	・子どもといっしょに遊びに使用した遊具やおもちゃを片付け、手洗いをうながす。 ・オムツを替えたり、手洗いの援助をしたり、一人ひとりに合わせた対応に心がける。 ・エプロンをして、子どもができそうなお手伝いを頼み、丸テーブルを出し、軽食の用意をする。 ・エプロンを外し、子どものそばに座り、いっしょに「いただきます」を言ってから食べ始める。 ・子どものそばで、いっしょに同じものを食べることで、不安な気持ちを少しでも軽くしたり、言葉がけをしながら、家庭に近い雰囲気を出すようにする。
・丸テーブルを片付ける。	・ごちそうさまをしたら、素話を聞いたり絵本を見たりして、静かに過ごす。	・片付けをすませ、軽食後は静かに待つように、素話をしたり絵本を読んだりする。

第8章　内容別指導案

5 子育て支援の指導案

①「子育て支援」とは?

　少子化や核家族化の進行，地域社会の変化など，子どもや子育てをめぐる環境が大きく変化するなかで，家庭や地域における子育て機能の低下，子育て中の保護者の孤独感や不安感の増大などさまざまな問題が生まれています。

　現在，集いの広場，保育所，幼稚園，児童館などで「子育て支援」は多様な形態で展開されており，

- 子育て親子の交流の場の提供と交流の促進
- 子育てなどに関する相談・援助
- 地域の子育て関連情報の提供
- 子育て及び子育て支援に関する講習

などがほぼ共通して行なわれています。

　この項では，家庭で子育てをしている保護者とその子ども（おもに0,1,2歳児）が気軽にかつ自由に利用できる「交流の場」としての機能に焦点を当て，親子でゆったりと楽しむ活動（遊び）の指導案について考えてみます。

②指導案の特徴（ねらい，環境の構成，保育者の援助・留意点など）

　子育て支援は個別の対応が中心です。子どもの年齢もおおむね0歳から3歳までと幅があり，一人ひとりの生活のリズムもさまざまです。準備したプログラムを時間どおりにいっせいに「させよう」とするのではなく，「ゆったりとした雰囲気」「ゆったりとした気持ち」をたいせつにしたいものです。いつもと違う環境へ初めてやってくる親子もいます。保護者が不安な気持ちでいると子どもにも伝わります。次のようなことに注意して受け入れましょう。

- 衛生的で安全な環境を整え，子どもと保護者が安心できる雰囲気をつくります。
- 安心感，好感をもたれるような笑顔，あいさつ，声がけを心がけましょう。

・子どもと保護者が環境に慣れるのをゆったりと見守ります。
・ふだん孤独になりがちな保護者の話をよく聞き、保護者間の交流をうながします。

保育者（支援者なども含む）は子どもの年齢にふさわしい生活や遊びを提供し、子どもの健やかな発達を支援することができます。指導案を立てるような活動（遊び）はひとつのきっかけです。

また保護者は保育者の子どもとのかかわり方をモデルとして学び、ほかの子どものようすや、親子のかかわり方を知ることができます。

保育者は個々の子どものようす、保護者のようすを観察し、日常子どもと過ごすときのヒントや、子どもの気持ち、保育の専門職としてたいせつにしていることなどを伝え、親子のきずなを深めるとともに、保護者の子ども理解をうながしましょう。子育ての協力者・アドバイザーの立場で、子育てのよろこび、充実感などを保護者と共有したいものです。

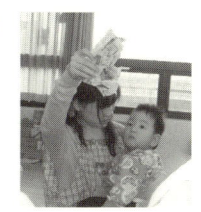

③予想される子どもの姿

あまり遊ばなかった子どもにも、子どもなりの"わけ"があるはずです。いつもと違う空間を観察したり、保育者やほかの子どもの動きを見ることのほうが楽しかったのかもしれませんし、あるいは眠かったのかもしれません。ほかの子どもが遊ぶようすをじっくり見て、心の準備をしている子どももいます。そのような気持ちを尊重し、子どもの代弁者としてそれを保護者に伝えることもたいせつです。

④予想される保護者の姿

保護者はつい、ほかの子どもと同じように「させよう」として焦ってしまいます。心の準備ができていないうちに無理やり「させられて」しまったため、子どもが泣いてしまうこともよくあります。保育者は保護者に、親の思いで無理に「させよう」とするのではなく、子どもの気持ちに寄り添うことを伝え、子どもがみずから動き出すのを見守ることを理解してもらいましょう。保護者

も子どもの姿・行動を楽しむ（おもしろいと感じる）ゆとりがもてると，子育てがずいぶん楽しくなると思います。「子育て支援」施設での活動（遊び）が，一過性の体験ではなく日常の生活につながるといいですね。

⑤ **指導案と保育実践のつながり**

　新聞紙は身近にあり比較的安全な素材です。音や感触を楽しむことができ，年齢によってさまざまな遊び方，遊びの発展が可能です。

　ここでは指導案の例をあえて示しませんでした。自分にとってわかりやすく使いやすい形式でよいので，②③④で述べたことをもとに，自分なりに「ねらい」「環境構成」「予想される子どもと保護者の姿」「保育者の援助・留意点」などを考えてみてください。指導案にしばられ，時間どおりにいっせいに何かを「させよう」とすることよりも，子どもや保護者一人ひとりの気持ちと主体性を尊重し，状況に合わせて展開できるやわらかな感性こそがたいせつです。

事例：Bさんの保育実践
〈親子で新聞紙遊びを楽しむ　2月9日〉
　子どもが環境に慣れ，一人ひとりがそれぞれの遊びを十分に楽しんだころ，保育者Bさんはだれも使っていない大型遊具を静かに少しずつ片付けながら，その空きスペースにソフト積み木をサークル状に並べました。他の保育者や保護者に「子どもが気づき，遊びたい素ぶりを見せたらいつでもどうぞ！」と声をかけ，ソフト積み木のサークルの真ん中に座るとクシャクシャッと新聞紙の音をさせながら遊び始めました。

　まっさきに気づいてやってきたMちゃん（3歳）といっしょに新聞紙のいろいろな音を楽しみ，次に新聞紙を破ってみました。

　自然に子どもが集まり，思い思いの活動が始まりました。

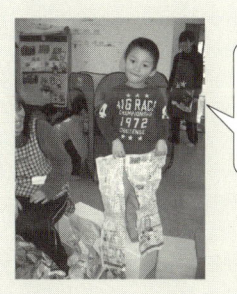

偶然生まれた形から。「ズボンはくよぉ〜」

狭い所に新聞紙をどんどん運び込み……。
ハムスターのように集まってくる子どもたち

「これ，しいたけなの……。おうちへもって帰るの。やいてたべるのよ」

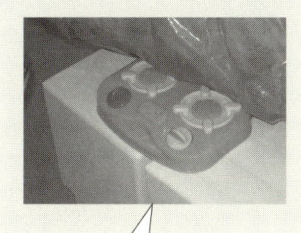

それを聞いていたほかの子どもが持ってきてくれました。

⑥ 遊びや活動の発展

〈子どもの気持ちになって新聞紙遊びを楽しむ　2月23日〉

　活動をとおして保護者は子どもの発想の豊かさ，口にする言葉や行動のおもしろさに気づきました。子どもがもっている力をもっと信頼し，子どもと過ごす時間をいっしょに楽しもうと思ったようです。子どもの気持ちになって思いっきり遊んでみたくなり，子どもとは別室で新聞紙遊びを楽しみました。

第8章　内容別指導案　125

6 保幼小連携の指導案

①小学校とのつながりをつくる

年長になると小学校へ冒険に出かける機会がふえ，小学校の先生や小学生ともなかよしになります。でも，小学校の先生はなかなか子どもの園へ遊びに来てくれません。そこで，入学前の子どもがどんな雰囲気のなかで生活しているのか，小学生を連れて遊びに出かけてほしいのです。

②実践例

《保幼小連携の指導案（例1）》

活動内容	落ち葉やどんぐりを使って，秋を感じる作品づくりをいっしょに楽しむ。
ねらい	①年長さんと小学生でグループをつくり，落ち葉やどんぐりを拾い，協力して作品をつくる。 ②つくり方をくふうしたり，小学生とのやりとりからよろこびを共感する気持ちを養う。

環境の構成・準備	予想される子どもの動き	指導上の援助・留意点
〈用意するもの〉 ・大小さまざまな形のプラスチック容器 ・絵の具，画用紙 ・ボンド，新聞紙 ・机，筆，バケツ ・必要と要求されるものについては，適宜その場で用意する。 ・どんぐりは中まで乾燥させるので，後日，小学校訪問したときの製作に使用するために，大きめの容器を用意する。	・園庭で遊びながら小学生を待つ。 ・小学生が園に到着したら，遊びをやめて向き合えるように1列に並び，保育者の紹介を聞く。 ・互いにあいさつをしグループに分かれ，これからすることのお話を聞く。 ・園庭のすみずみまで案内したり，いっしょにどんぐりを拾ったりし，落ち葉で作品を仕上げる。 ・どんぐりは指定された容器に入れ，どんな作品をつくるのか，相談しながら仕上げる。	保育者の援助・留意点 ・子どもとともに，遊びながら園庭で小学生を待つ。 ・小学生が到着したら，遊びをやめて1列に並ぶようにうながし，小学校の先生とお友だちを紹介する。 ・これ以降は小学校の先生に説明をお願いする。 ・それぞれのあいさつが終わったらグループに分かれ，落ち葉やどんぐりを拾ったり，拾ったもので作品をつくるように話す。 ・どんな作品に仕上げてもよいが，一応，見本も見せて説明する。 ・どんぐりは，中までしっかり乾かさないと使えないことを説明し，今日の作品では使わないように注意する。 ・各グループを回り，小学生には園の思い出，園児には小学生の頼もしさなどを話し，お互いの距離感が縮むようにする。 ・拾ったどんぐりは大きな容器に入れるように言い，相談しながら作品づくりをするように誘う。 ・使いたいものが見つからなかったりなかったときは，くふうしたり代用を考えてみるよう，アドバイスする。

この活動には続きがあり，どんぐりが乾いたころ，今度は園児が小学校へ「ドキドキ探検」に行き，小学校の先生から小学生といっしょにどんぐりを使った製作を指導してもらう流れにつながります。
　保幼小の連携は片側通行では成り立ちません。小学校に出向く機会はたくさんあっても，小学校の先生が園に出向いてくれることはまだあまり多く見られません。これはとても残念なことです。子どもがどんな大きな憧れをもって小学校へ入学しようとしているのか，そんな子どもに対し保育者は何をたいせつにして育てているのか，保育現場へぜひ足を踏み入れて，保育者の思いを感じてほしいのです。そして「子どもを感じてもらいたい」のです。保育者の願い，保護者からの期待を背負って子どもは小学校へ入学します。「こんなことしたいなあ」「あんなこともしてみたいなあ」「でもちょっと怖いんだよね」こんないろいろな気持ちを膨らませて入学してくる子どもたち。私たち大人の過大な期待にこたえようと，必死になって背伸びをし，精一杯の姿を見せてくれます。「子どもはこうあってほしい」という願いを大事にもちながら，「今のままでいいよ」「今のままがいいよ」と，子どもの「今」を肯定し，柔らかく接してほしいと思います。そして，ヒントを与え，未来に向かって励まし続ける根気ある指差しを忘れないで子どもとかかわってもらいたいのです。子どものもっている夢と希望，憧れへの眼差しを遮ることなく，私たち大人の感性がより豊かになるよう，子ども以上に努力しましょう。人が環境であるなら，子どもの思いを押し潰さないかかわりを心がけたいものです。

《保幼小連携の指導案（例2）》

10月○日（　）曜日		保育者氏名	
クラス名	5歳児　○組	男児13名　女児12名　計25名	
現在の子どもの姿		ねらい及び活動	
10月○日に○○小学校の2年生が園を訪れ，一緒に落ち葉やどんぐりを拾い，協力して作品を作った。その際「小学校探検」の招待を受け，子ども達は楽しみにしているが，中には小学校生活への不安を感じている子どももいる。		＜ねらい＞ ・小学校の先生や生徒との交流を通して小学校のことを知り，小学校生活への不安感がやわらぐとともに，進学することへのあこがれと期待感をもつ。 ・発見したこと，感じたこと，想像したことなどを，言葉や造形で自由に表現して楽しむ。 ＜活動＞ 　宝探しをしながら小学校を探検し，貼り絵「たからの地図」をつくる。	
時間	環境構成及び準備	子どもの活動	指導上の援助・留意点
9:30 9:45 10:00 10:30	〈事前準備〉 ・小学校までの散歩コースと小学校内の探検コースを考え，それぞれの下見を行なう。その際，注意点や準備するもの，時間，役割分担なども園・小学校双方で確認しておく。 〈当日の準備〉（小学校） ・玄関，保健室，体育館，理科室，音楽室，図工室，○年○組教室の7か所に「宝箱」を置き，それぞれに製作に使う素材を1種類ずつ入れておく。 ・○年○組教室で小学校での生活，製作を体験できるよう準備しておく。 〈○年○組　環境構成〉 （略） 〈準備するもの〉 ・「宝箱」に入れるもの 　どんぐり（10月○日の	・小学校まで散歩する。 ・小学校の先生，2年生のお友だちとあいさつを交わす。 ・グループに分かれる。 ・小学校内を探検し，「宝物」を手提げ袋に入れて集める。 ・必要に応じて小学校のトイレを体験する。 ・○年○組教室にたどり着いたグループから順次座席に着き，水筒のお茶を飲みながら他のグループの到着を待つ。 （中略）	・子どもとともに歩いて小学校へ向かう。 ・小学校に着いたら，小学校の先生，2年生のお友だちとあいさつを交わすよう声がけする。 ・あいさつが終わったらグループに分かれるように言う。 ・グループごとに小学校内を探検し，途中7か所に置いてある「宝物」を，1か所にごとに指示された数ずつ手提げ袋に入れ集めてくるよう説明する。 ・各グループの探検のようすを見て回り，発見や感嘆の言葉などに共感するとともに，進学への不安をやわらげ，期待感がはぐくまれるような言葉をかける。 ・途中，必要に応じて排泄・手洗いの援助をする。 ・○年○組教室にたどり着いたグループから順次座席に着き，水筒のお茶を飲みながらほかのグループの到着を待つよう伝える。 （中略・2年生といったん別れる） ・小学校の教室の座席に座った気持ちを十分に味わえるよう言葉がけし，共感をもって一人ひとりの発する言葉を受けとめる。 ・チャイムの音とともに次の活動（製作）を始めるが，小学校ではチャイムの合図で授業が行なわ

時間	環境構成及び準備	子どもの活動	指導上の援助・留意点
	交流のとき，いっしょに園庭で拾ったもの・小学校で乾燥させ保管している） 落ち葉，ボタン，ストロー， カボチャなどの種， アルミホイル， 色紙・包装紙・布などの切れ端， ・「宝箱」に見たてる箱　7 ・手提げ袋　25 ・画用紙　25＋予備 ・はさみ　25 ・のり，ボンド ・フェルトペン	・「宝物」を手提げ袋から取り出し，机の上に並べる。 ・保育者の話を聞く。 　　（以下略）	れていることへの気づきをうながす。 ・「宝物」を手提げ袋から取り出し，机の上に並べるよう言う。 ・学校探検のことを思い出しながら，集めてきた宝物を画用紙に貼りこみ，ドキドキワクワクするような「たからの地図」をつくることを提案する。学校のことを思い出しながらつくってもよいが，学校にとらわれず自由に想像してよいことを付け加える。 　　（以下略）

＊ページ数の関係であまり細かく書いてありません。参考程度にして自分なりに補足・くふうしてください。

　指導案に子どもにとっての「ねらい」を2つ書きましたが，保育者と小学校の先生にとって，相互の実態を把握し，子ども理解を深めることもたいせつな「ねらい」です。生活・遊びのなかではぐくまれる子どもの豊かな発想や想像力の一端を，小学校の先生にも知ってもらいたいですね。

コラム8
ねらいが先か，活動が先か

実習生にとって，指導案は頭痛の種ですね。

実習生の気持ち	子どもの気持ち
何をしようか？	園長先生に聞いたら，どう？ きっと，教えてくれるよ。
何ができるのだろうか？	何でもいいよ！ つきあいま〜す。
楽しんでくれるだろうか？	大丈夫。楽しんじゃうから。
できなかったらどうしよう！	がんばって！ 私たちもがんばるから

　子どもは実習生が好き。でも，もっと好きな人は担任の先生です。その担任の先生に「失敗してあたりまえ。おそれないで，やってごらんなさい」と言われるのですから，落ち着いてていねいにやってみましょう。子どもは，そんな姿を肌で感じています。

　「ねらい」のない指導はありません。「ねらい」には自分の思いがギュッと詰まっているのです。でも，ギュッと詰まりすぎていると，子どもの反応にこたえられないことが起きてしまうかもしれません。それよりも，子どもといっしょに何かをつくったり動いていると，楽しくありませんか？　その気持ちがまずたいせつです。なぜなら実習生のあなたが楽しんでいれば，その思いは子どもたちにも伝わるはずだからです。

　子どもの姿から，経験してほしい内容を考えるのはなかなかむずかしいもの。その内容が得意でなかったらなおさらです。まずは活動してみましょう。

　活動　→　ねらい　→　反省・記録・立て直し　→　再度，活動
　　↓　　　　　　　　　　　　　　　　　　　　　　↑↓
　今の子どもの姿　→　ねらい　→　活動　→　反省・記録・立て直し

　「ニワトリが先か，卵が先か」ならぬ「ねらいが先か，活動が先か!?」ですね。

第9章 指導案によくあるまちがい事例

　ここでは，指導案を書くうえでよく見られるまちがいの事例を，欄ごとに見ていきます。第2章の指導案作成のポイントと合わせて見ると，より深く指導案の書き方についての理解が深まるでしょう。

ポイント1
子どもの姿，ねらい，内容，子どもの活動，環境の構成，保育者の援助に一貫性やつながりがありますか？

ポイント2
保育者の意図がきちんと指導案から伝わってきますか？

ポイント3
欄ごとに書く内容が決まっています。そのきまりを守っていますか？

ポイント4
誤字，脱字，文章表現でおかしいところはありませんか？　だれかに見てもらってチェックしましょう。

1 子どもの姿

まちがい事例	改善例
①表面的・羅列的に書く。	具体的に事実を書くようにします。 5W1H「いつ」「どこで」「だれが」「何を」「どのように」を明確に！　だれが読んでも状況がわかるように。
・朝の身支度をした。 ・ブランコをして遊んでいた。	・登園して身支度をすませたあと，園庭で，A男とB子が，「次，Aちゃんの番ね」などと言いながら，交代でブランコをして遊んでいた。
②事実と考察が分かれていない。	どの事実から考察したのか理由を明確にします。 なかよく遊んでいるように見えたのは，保育者のとらえであり，事実とは異なります。考察部分は，事実と区別して書きます。「なぜ」を明確にしてください。
・A男とB子は，なかよくブランコをしていた。	・A男とB子は，ブランコを代わるときに，互いの顔を見合わせ，にこっとする。(事実)　A男とB子は互いを親しい友だちと意識し始めたようである。(考察)
③保育者のかかわりがまったく見えない。	保育者のかかわりと子どもの反応を具体的に書き，保育者が子どもの姿をどうとらえて，今後に活かしたいかという課題や保育者の願いを書きます。育ちや内面を深く読みとる目をもってください。「なぜ子どもたちは？」にこだわります。
・片付けの時間になっても，集まらないで遊ぶ子どもが多く見られる。	・保育者が，「片付けだよ」と全体に呼びかけても，子どもたちは「もっと遊びたい」と集まらないことが多い。「みんな」といっても意識が薄い子どもがいることや，遊び足りない子どもがいることが考えられる。個別に声をかけたり遊び時間をふやしたりすることを今後心がけたい。
④ねらいにつながらない。	指導案に書く子どもの姿は，ねらいにつながるものに厳選して書きます。どうしてこのねらいになったのか，読めば子どもの姿が，理解できるように。
・登園しておやつを食べて帰った。(姿) ↓×つながっていない ・体を動かす楽しさを味わう。(ねらい)	・A男が，大なわとびを持ってくると，B子とC男が加わって，郵便やさんをし始めた。D男やE子もそばでじっと見ていた。明日は，仲間に加われるように誘ってみたい。(姿)　↓○つながっている ・友だちといっしょに体を動かす楽しさを味わう。(ねらい)

2 ねらいと内容

まちがい事例	改善例
①ねらいが大きすぎる。	指導案は，その日のねらいなので，大きすぎるねらいは，ふさわしくありません。スモールステップで。
・社会生活における望ましい習慣や態度を身につける。	・友だちと楽しく遊ぶなかで，きまりやルールの存在に気づく。
②ねらいより内容のレベルが高い。	ねらいを達成するために経験することが内容です。ねらいのレベルを上にして，内容は具体的に書きます。
・保育者と仲良く遊ぶ。（ねらい） ・保育者に信頼感を持つ。（内容）	・保育者と仲良く遊ぶ。（ねらい） ・砂場遊びで，保育者といっしょに山づくりを楽しむ。（内容）
③ねらいに主語が混在している。	養護のねらいと教育のねらいでは，主語が違います。欄を分けるか，マークを変えてください。
・健康で安全に過ごせるようにする。 ・明るくのびのびと行動し，充実感を味わう。	◆健康で安全に過ごせるようにする。（保育者が主語） ◇明るくのびのびと行動し，充実感を味わう。（子どもが主語） （◆養護のねらい，◇教育のねらいなど）
④ねらいと内容がつながらない。	ねらいがあるのに内容がないと，どうやってねらいが達成されるのかわかりません。必ず対応させて書きます。
・体を動かす楽しさを知る。（ねらい） ↓×つながっていない ・油粘土遊びを楽しむ。（内容）	・体を動かす楽しさを知る。（ねらい） ↓○つながっている ・サッカーをして，ボールをける楽しさを知る。（内容）
⑤接続詞を使い，2文になっている。	ねらいと内容は，1文で書きます。
・友だちといっしょに遊ぶ楽しさを知る。また，言葉のやりとりをしながら遊ぶ。	・友だちといっしょに言葉のやりとりをして遊ぶ楽しさを知る。

3 子どもの活動

まちがい事例	改善例
①保育者が主語になっている。	子どもの活動なので，子どもを主語にします。
・紙芝居を見せる。	・紙芝居を見る。
②気持ちなどの内面が入っている。	活動には，気持ちなどの内面は入りません。内面が入ると経験する内容です。「〜する」という常体で統一します。
・ブランコを楽しむ。	・ブランコをする。
③姿になっている。	予想するのはたいせつですが，姿と活動は違います。書くときには，「子どもの活動と姿」「子どもの動き」の欄に名称を変更し，マークを変えて区別してください。
・友だちがたくさん来て，砂場が狭くて嫌になり，違う遊びに移る。	◇砂場で遊ぶ。（活動） ◆友だちがふえて，砂場が狭くて嫌になり，違う遊びに移る。（姿）
④マイナス面を書く。	「話を聞かないこと」が子どもの活動になってしまいます。子どもの課題は，保育者の援助欄に書きます。または，③のように欄とマークを変えて区別します。
・話を聞かない子もいる。	・集中力が途切れて話を聞かない子どもがいることが予想されるので，指人形を使って興味をもって話を聞くことができるようにする。（保育者の援助）
⑤受身で書く。	低年齢児ではよくある表現です。発達のちがいはありますが，子どもを受身的な存在としてとらえず，主体的な存在ととらえて書くほうがよいのではないでしょうか。
・顔を洗ってもらう。	・顔を洗う。（子どもの活動）　＊援助と対応させる。 ・「きれいになったら気持ちいいね」などと一人ひとりに声をかけながら顔を拭いていき，顔がきれいになる気持ちよさに気づくことができるようにする。（保育者の援助）
⑥敬体で書く。	常体で統一します。常体と敬体が混じるのは不自然です。
・給食をいただく。	・給食を食べる。
⑦単語で書く。	文章にします。何をするのかが明確になります。
・砂場遊び	・砂場でトンネルを掘る。

4 環境の構成

まちがい事例	改善例
①援助になっている。	環境の構成は，子どもに対してではなく，周囲の環境に対して行なう間接的な援助が中心です。保育者と子どもが関わる直接的な援助とは違います。まちがい事例の「伝える」「うながす」などは，明らかに直接的な援助です。
・材料がある場所を伝えて，子どもが自分でとってくるようにうながす。	・子どもが自分の力で材料を選びやすいように，前日のうちに，材料を種類別にダンボールの箱に分け，保育室の制作コーナーの横に置いておく。
②子どもが主語になっている。	環境の構成は，保育者が行なうことなので，保育者を主語にして書きます。
・友だちと机を運び，お絵かきコーナーをつくる。	・机の上に新聞紙を敷き，油性マジックを置いておき，登園した子どもからお絵かきを始めることができるようにしておく。
③理由が書いてない。	何のためにその環境の構成をしたのか，読んだ人にまったく伝わりません。理由をしっかり書きます。
・パラソルを置いておく。	・日射病にならないように，パラソルを置いておき，日陰をつくる。
④抽象的で何をするかわからない。	いつどんな環境の構成をするのか明確にするために指導案を書きます。具体的に書いてください。
・子どもが自分たちの力で，工作をすることができるように配慮して環境を構成する。	・子どもが自分たちの力で，工作をすることができるように，前日にはさみやのりなどの用具の位置を写真やイラストで示し，空き箱や色紙などの材料を種類別にダンボールの箱に分け，保育室の制作コーナーの横に置いておく。
⑤関係ないところを書く。	今日の指導案に関係あるところを中心に書くとよいでしょう。例文では，保育室でフルーツバスケットをすることが活動なのに，関係のない遊戯室の環境の構成を書いています。関係ないときは省きます。
・遊戯室に秋の壁面を飾り，秋の雰囲気を感じられるようにする。	・保育室でフルーツバスケットをする場面では，机を折りたたみ端によせ，広くスペースをとり，動きやすいようにする。

5 保育者の援助

まちがい事例	改善例
① 環境の構成になっている。	保育者の援助は，保育者と子どもが関わる直接的な援助を書きます。例文は，事前にしておく環境の構成になっています。
・ケーキづくりの道具を取りやすいように机の上に並べておく。	・ケーキづくりの道具がどこにあるかを知らせて，自分たちでとってくるようにうながす。
② 押し付けになっている。	「せる」「させる」は，保育者が主導になり，押し付けているような印象を与えます。子どもが主体的に活動できるように援助するのが保育者の役目です。
・ケーキづくりの道具を子どもに運ばせる。	・一人ひとりがケーキづくりの道具を運ぶことができるように，子どもの数だけ道具を小分けにして渡していく。
③ へりくだっている。	「もらう」は保育者がお願いして子どもが行動し，保育者が利益を受けるという意味になります。子どもの活動は，保育者の利益のためではないので，不適切です。
・ケーキづくりの道具を運んでもらう。	・ケーキづくりの道具を運ぶように伝える。
④ 押し付けがましい。	「あげる（やる）」は，保育者が子どもに恩恵を授けるため，指導することになり，上の立場から何かをしてあげるという意味にもとられかねないので，不適切です。
・ケーキづくりの道具を運んであげる（やる）。	・ケーキづくりの道具で，包丁は危険なので，保育者が運ぶ。
⑤ 理由を書いていない。	何のためにその援助をしたのか，読んだ人に伝わりません。理由をしっかり書いてください。
・子ども一人ひとりに声をかけていく。	・健康状態や心の動きを読み取ることができるように，朝，登園した子一人ひとりに声をかけてあいさつを交わしていく。
⑥ 抽象的で何をするのかわからない。	具体的に援助を書かないと，何をするのかわかりません。いつ，どのようなタイミングで何をするのか明確に書いてください。
・安全に気をつける。	・ケーキを焼くとき，ホットプレートでやけどをしないように，少し離れるようにうながす。

6 反省・評価

まちがい事例	改善例
① ただの感想になっている。	自分の個人的な日記を書くのではありません。何のために反省を書くのか視点をもつことがたいせつです。
・A男とB子がままごとをしていて，とてもなかよく遊んでいてほほえましく思った。	・A男とB子がままごとをいっしょにするようになった。あまり友だちと遊ばなかったA男にとって，B子は初めて親しくなった友だちであり，今後も2人のかかわりを見守りたい。（人間関係の視点など）
② 事実と考察が分かれていない。	事実なのか思い込みなのかわかりません。元気よく歌ったと思ったのはどの姿からか，満足したととらえたのはどうしてかを明確にしてください。
・クラス全体で元気よく歌を歌うことができ，とても満足していた。	・以前はあまり大きな声で歌わなかった男の子も，今回の「○の歌」は大きく口を開けて歌を歌っていた。みんなで歌い終わったあとも，口ずさんでいることから，「○の歌」にとても興味をもったようすである。
③ 課題が出てこない。	なぜそうなったのか理由を考えるくせをつけるとよいでしょう。課題を明確にすることによって，次の保育に反省が活きてきます。
・子どもたちはあまり話を聞いてくれず，困った。	・子どもたちはあまり話を聞いてくれなかったので，自分はあせってしまい，ますます早口になってしまった。もっと，子どもたちにわかりやすく身ぶり手ぶりをつけるなどのくふうをして話をするようにしたい。
④ 悪いところしか見えない。	だれでもうまくいったりいかなかったりするのであたりまえです。悪いところを受けとめつつ，よいところも見ることで前向きに保育をすることができます。
・子どもはいつも言うことを聞いてくれなくて困る。	・子どもと1対1で関わるときは，話をよく聞くようにして共感的に関わることができる。しかし，クラス全体の活動だと，いろんな子どもがいて，対処するのがむずかしい。今後，クラス全体の活動の進め方を学びたい。

コラム9
指導案作成後のチェックポイント

　指導案は，ただ埋めればよいというものではありません。むしろ，問題は書いたあとです。ここでは，指導案作成後に気をつけることを明らかにします。
〈完成前〉
①手直しを受ける……早めに見せて，何回もアドバイスをもらおう！
　一度書いてすぐにOKが出ることは少ないでしょう。手直しを受け，気がついていなかった点が明らかになるプロセス自体が，保育の力をアップさせるたいせつな経験です。苦しいときですが，ここが，がんばりどころです。
〈完成後〉
②印刷，配布のしかたの確認……最後まで，心配りを。
　何回かの手直しを受けたあと，完成したら，印刷して配布します。印刷機の使い方，どれだけ印刷してだれに配布するのかなどを確認してください。渡すときには，「よろしくお願いします」のひと言を忘れずに。
③模擬保育……実際に保育をする場所に行き，明日をイメージ。
　教材の準備などの環境の構成を終えたら，実際に模擬保育をしてみます。細かいところは，指導案に書いていないこともたくさんあるはずです。模擬保育をしてみて新たに気がついたところは，メモして細案に活かします。
〈保育中〉
④指導案を頭に入れつつ，柔軟に……あくまでも案。とらわれすぎない。
　指導案は完成するまでのプロセスがたいせつといってもよいでしょう。保育が始まったら，子どもの姿に寄り添い，柔軟に対応していきます。そのなかでも本当にたいせつにしたいねらいだけは，しっかりともって保育をしてください。
〈保育終了後〉
⑤反省・評価を次に活かす……やりっぱなしはダメ，次の保育につなげて。
　指導案と実際の保育を比較して，子ども理解，自分の計画の見通しが甘かった点，環境の構成，援助での課題などをあげて，記録しておきます。保育を見てもらった担当者にも，必ず助言を受けて記録しておくと，指導案が，後々の保育の改善につながっていきます。

第10章 指導案に使う用語解説資料

ここでは、指導案を書くうえでよく使われる用語を解説します。なにげなく使う用語ですが、よく考えると、実際の保育としての現われ方はずいぶん違ったものになる場合もあります。用語は吟味して使いたいものです。

ポイント1
「どのような子どもに育ってほしいか」という願いによって、使う用語はまったく違ってきます。

ポイント2
似たような用語でも、保育者が意図して使うことで、実際の保育場面でもちがいが現われます。

ポイント3
不適切な用語もあります。言葉ひとつで、あなたの保育観が問われます。

ポイント4
用語の使い方をマスターすれば、指導案を書くことがとても楽しくなります。

1 子ども・大人の呼び方に関係するもの

用語	用語の意味
子ども，子供	「供」には，付き従う者という意味があるので，子どもを主体的にとらえる視点から，「子ども」とひらがなにすることが多いです。保育所保育指針でも「子ども」という表現になっています。
乳児	児童福祉法で，満1歳に満たない子ども。
幼児	児童福祉法で，満1歳から小学校に就学するまでの子ども。幼稚園教育要領では，「幼児」を使います。
園児	幼保連携型認定こども園教育・保育要領では「園児」を使います。
児童	学校教育法で，満6歳から12歳の子ども。児童福祉法で，満18歳未満の者。（乳児，幼児，少年に分ける）
教師	教える者のことです。幼稚園教育要領では「教師」を使い，幼稚園教諭のことを指します。したがって，幼稚園の指導案では，「教師」か，後述の「保育者」を使います。ちなみに，小学校以上では「教師」を使います。
保育士	保育所保育指針では，「保育士」を使います。したがって，保育所の指導案では，「保育士」か，後述の「保育者」を使います。「保育士等」という時は，「保育士」の他に「調理員」「栄養士」「看護師」なども含めた職員全体を指します。
保育教諭	幼保連携型認定こども園教育・保育要領では「保育教諭」を使います。
保育者	保育を行なう者という意味です。「教師」（幼稚園教諭）と「保育士」，保育教諭等の意味で使うことができます。広い意味では，保護者や職員など，子どもと関わって保育に関係している者すべてを指します。
保護者	児童福祉法で，親権を行なう者，未成年後見人その他の者で，児童を現に監護する者のことです。さまざまな家庭事情がある今日，必ずしも親とは限りません。保育現場では，「父兄」ではなく，「保護者」を使用するのが常識的になっています。

2 ねらい・内容に関係するもの

用語	用語の意味
味わう	身にしみて経験することです。ただ，感じるだけではありません。

楽しむ	①満ち足りていることを実感して愉快な気持ちになる。②好きなことをして満足を感じる。③先のことに期待をかけ，そうなることを心待ちにする，といった意味です。
気づく	それまで気にとめていなかったところに注意が向いて，ものごとの存在や状態を知ることです。
感じる	①外からの刺激のために，感覚器官にある感覚を起こすこと。五感をとおしての体験という意味が強いです。 ②心のなかにある種の気持ちをもつ。①よりもう少し幅広い使い方です。何によってどんな気持ちをもってほしいのか，考える必要があります。
知る	①認識する。②気づく。③理解する。④記憶する。⑤経験する，など幅広い意味をもつ言葉です。
わかる	意味や区別などがはっきりする，理解する，という意味です。
身に付ける	知識，習慣，技術などを自分のものとする，体得することです。経験の積み重ねが必要になり，一日で身に付けることは，なかなかないでしょう。

3 視覚に関係するもの

用語	用語の意味
見せる	人にわかるように，視覚に訴えることです。このままでは，何をどのように見せるかわかりません。文の付け加えが必要です。
示す　提示する 図示する	相手によくわかるように見せます。指で指し示したり，差出して見せたりすることです。「図示」は，よくわかるように図で見せることです。
モデルになる	保育者自身がやってみせるなどして，模範や手本を示すことです。

4 言葉のやりとりに関係するもの

用語	用語の意味
言う つぶやく	「言う」とは，言葉を口に出すことで，「つぶやく」とは，小さい声でひとり言を言うことです。保育者が自分の思いをどのように言葉にするかによって，子どもの姿が変わってきます。そばで，つぶやいてみてもよいかもしれません。

伝える	①言葉などで知らせる。②あるものを受け継いで残す。③もたらす、という意味です。知らせて、何か影響を与えたいという思いが伝わる援助です。
言葉（声）をかける	「かける」は、こちらの気持ちを相手に向けるという意味です。保育者が、その子どもに対して、気持ちを向けていることがわかる援助になります。
うながす	①ものごとを早くするようにせきたてる。また、ある行為をするように仕向ける。催促する。②ものごとの進行をすみやかにさせるという意味です。よく指導案で使う表現です。「せる」「させる」などよりも柔らかい表現で好まれています。しかし意味を見たとおり、子どもに対して「早くしなさい」という援助になりがちです。
誘う	①いっしょに行動するようにすすめる。②そのことが原因となって、ある気持ちを引き起こさせるという意味です。保育者がやっている遊び、友だちがやっている遊びに対して参加してほしいときなどに使います。誘い方にはさまざまな種類があります。考えてみてください。
説明する	あることがらを、よくわかるように述べることです。子どもが理解できるようにという知的な部分にはたらきかける援助です。
教える	①知識・学問・技能などを相手に身に付けさせるよう導く。②知っていることを相手に告げ、知らせる。③ものの道理や真実を相手に悟らせて導く、という意味です。知的な面だけではなく、技能、道徳的なことまで含めた幅広い援助です。「援助する」より、強い感じがするため、あまり保育現場では使わない傾向がありますが、実際には教える場面はたくさんあります。
指示する	①ものごとをそれとさし示すこと。②指図すること。意味を見たとおり、命令の意味が強くなります。あまり使わない表現です。
質問する	「質問する」とは、わからないところや疑わしい点について問いただすことです。質問することによって、わからなかったことが、保育者もわかるし、子ども自身もはっきりすることがあります。積極的に行ないたい援助です。
聞く 聴く 訊く	音・声を耳に受けることです。「聞く」は、人の意見・要求などを了承し、受け入れること。「聴く」は、注意して耳にとめる、耳を傾けること。「訊く」は、たずねる、問うことです。どのような意図をもって援助をするかで違ってきます。
話す	①言葉で相手に伝えること。②相談すること。一方的に伝えるだけでなく、相談する意味での話し合うことは、これからの保育でとてもたいせつになってきます。
代弁する	本人に代わって意見・要求などを述べることです。低年齢児になればなるほど、自分の思いをうまく言葉にできないことも多いので、保育者が代弁することが多くなります。

広める	①範囲を広くする。②広く知られるようにする，広く行なわれるようにする。普及させることです。スペースを大きくとるのであれば，環境の構成欄に書き，何かを普及させたいというのであれば，保育者の援助欄に書けばよいでしょう。たとえば，ひとりの遊びをみんなでやりたいときや，気づきを知らせたいときなどに使う援助です。
知らせる	ほかの人が知るようにする，言葉やその他の手段で知らせることです。知らせることで，あとは，子どもが判断して行動していってほしいときに使います。たとえば「『もうすぐ片付けの時間だよ』と知らせる」などです。
ヒントを出す	ヒント（問題を解く手がかり）を出すという援助は，子どもたちが自分たちの力でものごとを解決する生きる力につながるたいせつな援助になります。
意見を出す 提案する	「意見（を出す）」は，①あるものごとに対する主張・考え。②自分の思うところを述べて，人の過ちをいさめること。「提案する」も，自分の考えを出すことなので，同じ意味になります。子どもと同じ立場に立つという意味では，意見を出すというのはよいのですが，あまりにも，②の過ちをいさめることに重点が置かれてしまうと，保育者の言うことをだれも聞きたくなくなります。
励ます 応援する	「励ます」は，気持ちが奮い立つようにしてやる，元気づけること。「応援する」は，力を貸して助けること。「励ます」のほうは，元気になるようにするという意味合いが強くなります。
約束する	①当事者の間で取り決めること。②ある社会や組織で，守るように定めたきまり。保育者と子どもで話し合って決めることもあれば，初めから決まっていることを知らせることもあります。いずれにせよ，子どもたちがどうして約束するのかという意味をわかって納得することがたいせつです。
付け加える	すでにあるものに，さらに別のものを付け足す，補足するという意味です。全体への説明のあと，わかりにくいところだけ付け加えて説明したり，ものづくりのコーナーで，材料が足りなくなってきたら付け加えたりします。
助言する アドバイスする	「助言する」は，助けになるような意見や言葉を，そばから言ってやること。「アドバイスする」は，忠告や助言をすること。同じような意味で使います。上からの目線で言うのではなく，同じような目線でという意味合いが強くなります。
話題にする	子どもたち自身が，自分たちで話し合うときなどに，その話し合いのきっかけとして，保育者がテーマを自然な形で出す援助を示します。個別に援助するときには，それとなく話題にすることで，友だちや家庭でのようすなどが出てくることもあります。

用語	用語の意味
あいさつを交わす	一方的に保育者だけがあいさつをするのではなく、子どもとの交流があることを意味します。「おはよう」だけではなく、「今日はかっこいい服を着ているね」「今日は誕生日だね」などと言葉を添えていく援助を示します。
仲立ちをする 仲介する	「仲立ちする」は、双方の間に立ってことをとりもつことです。「仲介する」は、①当事者双方の間に立って便宜を図り、ことをまとめること。②第三者が紛争当事者の間に立って、紛争の解決に努めること。どちらも同じような意味で使います。保育者の心構えとしては、①どちらの言い分もよく聞いて、片方の肩をもたないこと。②保育者が評価して、しかったりほめたりするのではなく、互いに意見をぶつけ合い、最終的に理解が深まるようにすること ③解決を急ぎすぎないことの3点があげられます。

5 保育者の行動に関係するもの

用語	用語の意味
手伝う	他人の仕事を助けていっしょにはたらくことです。あくまでも、子どもがしていることを保育者は手助けするという意味で援助することになります。
手を添える	たとえば何か重いものを運ぶとき手伝ったり、木を切るときに、木が動かないように押さえたりするなどの動作のことを示すことが多いです。
なかに入る 一員になる	団体を構成するひとりになるということです。保育者はたくさんの子どもと関わらなくてはならないため、遊びの一員にはなったものの、別の場所にいることも多いです。たとえば、ままごとのお姉さん役になったけれど、出かけて、そのまま帰ってこないなどということも多々あり、反省することが多いです。
参加する	ある目的をもつ集まりに一員として加わり、行動をともにすることです。一員になると同時に、その遊びのメンバーと行動をともにすることで、参加していることになります。
いっしょに楽しむ	子どもの遊びに参加したうえで、保育者自身も子どもと気持ちを共有することにより、子どもの気持ちを理解したり、子どもとの信頼関係を築こうとしたりする援助です。
渡す	こちらの手から相手の手へ移すこと。個人に対しての援助です。
配る	ものを適当な量に分けて、それぞれに行き渡るようにすることです。全体に対しての援助になります。

用語	
与える	①自分の所有物をほかの人に渡して，その人のものとする。②相手のためになるものを提供する。③ある人の判断で人に何かをさせる，といった意味があります。保育者が素材や教材を子どもに渡すときには，保育者自身のものを渡すのではないので不適切な表現となります。注意しましょう。
点検する	悪い箇所や異常はないか，一つひとつ検査すること。これも援助のひとつです。見落としがないように，チェック項目をつくって見てまわりましょう。
準備する 用意する	「準備する」は，ものの用意だけではなく，態勢を整えることも含みます。「用意する」より総合的です。「用意する」は，前もって必要なものをそろえ，整えておくことです。
～になりきって	保育者がごっこ遊びのなかに入るときや，紙芝居を演じるときには，その登場人物になりきって演じることで，子どものイメージがこわれずに，遊びが盛り上がっていきます。恥ずかしさを捨てて演じると，さまざまな遊びの展開につなげることができます。
置く 配置する	環境構成ではよく使います。「配置する」は，ただ置くのではなく，それぞれの位置や持ち場に割り当てて置くことです。
変化をつける	保育者がリズム遊びや歌を歌う活動のときにリズムやテンポを変えたり，ものづくりで違う素材や色を出したりするなど，遊びの展開として援助することです。
誘導する	誘い導くこと，人やものをある地点・状態に導いていくことです。倉橋惣三の提唱した「誘導保育」については，保育原理などを見てください。指導案については，遊戯室に誘導するなど，引率して連れて行くくらいの意味で使われることが多いです。
待つ	①ものごと・人・時が来るのを予期し，願い望みながら，それまでの時間を過ごす。また，用意して備える。②しようとする動作を途中でやめる。③相手の反応や態度がわかるまで静観する，という3つの意味があります。保育者が期待する子どもの姿が出てくるまで限定で待つことや，保育者が進めようとしていたことを，子どもの姿に合わせて一度中断したり，反応を見たりするという援助を表わします。

6 子ども理解に関係するもの

用語	用語の意味
把握する	しっかりと理解することです。
理解する	ものごとの道理や筋道が正しくわかること，他人の気持ちや立場を察することです。

受容する 共感する	保育現場でたいせつにされているカウンセリングマインドを表わす言葉です。子どもの表情や身ぶり手ぶりから内面を読みとり，子どもの話を積極的に聞いて受け入れる態度が必要になります。そして子どもの気持ちをまるで自分のことのように感じて，理解したことを子どもに言葉で返します。すると子どもは，先生はわかってくれたという気持ちになり，ふっと肩の力が抜けて，信頼関係が築かれていきます。
ほめる	人のしたこと・行ないを優れていると評価して，それを言葉で言うことです。子どもの人権を尊重する立場から，できるだけほめて育てることが叫ばれています。子どもは先生にほめられることがうれしいので，だれかがほめられると，その子どもの行動をほかの子どもも真似しようとする姿がよくあります。しかし，ほめすぎることは，先生の評価を受けるために活動する子どもをつくることもあるので，気をつけたいものです。
認める	①存在を知覚する。②正しいとして受け入れる。③能力があると判断する，などといった意味があります。保育の実際では，一日ひと言も声をかけていない子どもはいなかったかなとふり返ることもたいせつです。「存在を認める」ということはつねに重要な援助です。また「正しい，能力がある」というように見てほしいと子どもは思っているので，自分の活動や行動を先生に認めてもらうことはとてもうれしいことです。しかし，その子がいちばん認めてほしいところ，がんばったところなどは何かを保育者はよく考えて認めていくようにしないと，ズレが生じていきます。
尊重する たいせつにする	「尊重する」は，価値あるもの，尊いものとしてたいせつに扱うことです。「たいせつ」は，最も必要であり，重んじられること，ていねいに扱って大事にすることです。「子どもの意見や考え，思いを尊重する，たいせつにする」などと使います。子ども主体の保育をするうえでの保育者の心構えとして書く意味があるのでしょう。
見守る ようすを見る	「見守る」は，①無事であるように注意しながら見る。②なりゆきを気をつけながら見る。③目を離さずにじっと見る，という意味があります。「ようすを見る」は，ものごとのおきそうな気配，兆候，理由，事情を見るという意味になります。「見守る」を使うときは，安全面に重点が置かれていることが多いようです。「ようすを見る」は，保育者が事情をよく知ろうとするときに，何かが起きるまでという限定された時間において見るといった意味あいが強くなるでしょう。

用語	用語の意味
確認する たしかめる	「確認する」は，はっきりと認めること，はっきりたしかめることです。「たしかめる」は，調べたり人に聞いたりして，あいまいなものごとをはっきりさせることです。同じような意味ですが，子どもといっしょに声に出して持ち物を確認するなど，保育者が積極的にものごとをはっきりさせることといえるでしょう。この場合はできるだけ保育者からの一方的な働きかけにならないようにしたいものです。
しかる 注意する	「しかる」は，目下の者の言動のよくない点などを指摘して，強くとがめること。「注意する」は，気をつけるようにかたわらから言うこと，つまり忠告です。 「しかる」は，子どもを目下のものと扱うこと，強くとがめることから，保育者主導の度合いが高くなります。「注意する」は，上からではなく，かたわらから言うことや忠告にとどまる意味になります。「注意する」には，とくにその子どもに対して気をつけること，気を配ることという意味も含まれます。
見る 視る 観察する	「見る」ではなく「視る」を使うときは，より注意深くみる意味が強くなります。また「観察する」は，客観的に注意深くみる意味合いが強くなります。
視診する	医者が患者の顔色や患部を目で見て診察することですが，保育現場では，登園時などに一人ひとりの子どもに対して視診をして，心身の状態をみることを表わしています。とくに，保育所保育指針では，健康状態や発育及び発達状態を的確に把握するように強調しています。

7 衛生・安全・養護に関係するもの

用語	用語の意味
安定を図る	保育所では，とくに養護「生命の保持及び情緒の安定」について保育の内容が設定されています。低年齢の子どもや，長時間子どもが生活することもあり，重要な援助になります。
養う 育てる はぐくむ	同じような意味で使うこともありますが，次のような特徴を考えて使うとよいでしょう。「養う」は生活の世話をするという意味が強い。「育てる」は，成長させるという意味が強い。「はぐくむ」は，大事に守って発展させるという意味です。
緊張を緩和する	保育所でたいせつにする養護の場面で情緒の安定を図るために休息をとるときなどに使います。

第10章 指導案に使う用語解説資料

留意する 気をつける 注意する	「気をつける」は，注意をはらうこと。「留意する」は，あるものごとに心をとめて気をつけること。後者のほうが細心の注意をはらうという意味が強いでしょう。幼稚園教育要領では気をつけてほしいことを留意事項としてまとめています。「注意する」は，悪いことが起こらないように警戒すること，用心すること。事故やトラブルなどを想定して，それに対して気をつけるということになります。
止める	やめさせるという意味です。保育者主導の意味合いが強いことと，子どもは葛藤や挫折のなかで育っていくということから，指導案でこの表現を使うことはほとんどありません。しかし実際には，本当に危険な場面においてこのような援助もあり得ます。
発見する	まだ知られていなかったものを見つけ出すこと。指導案では，危険なものを見つけ出すという意味で使うことがあります。
目を配る	いろいろなところに注意を行き届かせることです。危険なことを見落とさないという空間的，時間的な広がりを感じる援助です。

⑧ 保育者の心がけに関係するもの

用語	用語の意味
支える	①倒れたり落ちたりしないように，何かをあてがって押さえる。②ある状態が崩れないように，もちこたえる。継続する。③精神的・経済的に支援する。④防ぎとめる。食い止める，という意味です。
支援する	力を貸して助けることです。保育の世界では，保護者の子育てを支える「子育て支援」と子どもの育ちを支える「子育ち支援」が重要視されています。教育基本法第10条にもあるとおり，家庭教育は保護者に第一義的責任があります。また，子ども自身がみずからの力で育っていく主体的な存在ととらえて保育を行なっています。このことから，保育者が主導して子どもと保護者を引っ張るのではなく，子育ちと子育ての主体である子どもと保護者を支える，支援するサポーターとしての役割が求められるようになってきています。
配慮する	心を配ること，心づかいをすることです。保育者のやさしさが表われる言葉です。保育所保育指針では，「保育の実施上の配慮事項」として，配慮すべきことが説明されています。
援助する	困っている人に力をかすこと。保育の世界では，必ずしも困っている子どもだけに援助するわけではなく，子どもの育ちのために援助すると考えるとよいでしょう。保育の現場で最もよく使う保育者の直接的なかかわりを表わす言葉です。

助ける	①困ったことを救う。②不足していることを補う。③はたらきを促進する，という3つの意味があります。こうやって見ると，保育者の援助でたいせつなことがすべて入っているような気がしますが，①の意味で使う人が多いようです。
指導する	ある方向・目的に向かって教え，導くことです。平成元年までは，教育，保育界ともに，教師，保育者が行なうことを「指導」という言葉で統一されていましたが，子どもの主体な活動を重視するようになってからは，「援助」や「支援」という言葉が多く使われるようになりました。「指導する」は，教師・保育者主導のような印象を与えるため，現場ではあまり使いません。しかし本来の意味は，援助の概念もすべて含む広い教育行為そのものを表わします。幼稚園教育要領，保育所保育指針でも，具体的な計画のことを「指導計画」としています。本書でも，指導案という言葉で統一しています。
努力する 努める	ある目的のために力を尽くして励むことです。保育者の心構えとして当然のことでしょう。
心がける	いつも心にとめておくことです。保育の基本をいつも忘れずに念頭に置いておきましょう。
はたらきかける	あるものから他のものに積極的に動作・作用をしかける，行動をうながすという意味です。保育者の待ちの姿勢ではなく，積極的な援助をするときに使うとよいでしょう。
高める	程度の低いものを高くすることです。何をどのような程度にしたいのかという保育者の判断が問われる言葉です。
深める	ものごとの程度を深くすることです。量的なことより，質的なことを判断基準にして子どもの育ちを見るときに使います。
〜してみる	とりあえず，といった印象を受けます。保育は実験ではありません。使わないほうがよいでしょう。
雰囲気をつくる	その場やそこにいる人たちが自然につくり出している気分です。環境構成のいちばんのポイントは，この雰囲気づくりにあるのですが，援助に書く場合もあります。この場合は，保育者が直接行なうかかわりによってつくり出すという意味が強くなります。
くふうする	よい方法や手段を見つけようとして，考えをめぐらすことです。保育者の援助としてこの用語を使うとすれば，保育中に子どもの姿をとらえて，よいかかわりを考えながら，随時自分の保育方法を変えていくことになります。
つなげる	離れているもの，切れているものを続け合わせてひとつにすることです。保育の場面で使うとすれば，友だちと友だち（人）や，遊びのコーナーどうし（空間），今日の意欲を明日への期待感に（時間）などといった場面が考えられます。

用語	用語の意味
引き出す	引っ張って外へ出すという意味です。保育者の積極的な意図が見えます。保育の場面で使うときは、本来子どもがもっていながらも、まだ外には現われていない育ちの芽や思いを保育者の積極的なはたらきかけによって、外に現われる形にするという意味になるでしょう。

⑨ 時間・状況に関係するもの

用語	用語の意味
〜かもしれないので	保育者の予想として、断定はできないけれど可能性があるという意味になります。「予想される」より、低い可能性ですが、対応策を考えておくとあとであわてなくてすみます。
〜が予想されるので 〜が予期されるので 〜が予測されるので	保育者が前もって見当をつけたとして、6，7割以上、〜のような子どもの姿が出てくることが考えられるときに使います。高確率で起きるということなので、必ず対応策を考えておく必要があります。次のような意味のちがいがあります。 「予想」：広い意味で使う。 「予期」：ある一定の期待や覚悟がある意味。 「予測」：何かの根拠がある場合に使う。
〜のときには	活動のなかに、予定（前もって定めること）として入っていることに対して使います。すでに予定なのですから、援助を必ず書きます。
〜のような子どもがいた場合は	どちらかというと、予定する活動以外の行動をする子どもに対しての援助を書く場合に用います。全体的な配慮とは別に、個別的な配慮をすることもたいせつです。
タイミングよく	機会をもつことといっしょで、「何かをするのに最も都合のよい時期をもつこと」です。しかし、保育者の直接的なかかわりを都合よく子どもに合わせて行なうという意味が強いでしょう。
ペースに合わせて	子どもによって活動の「進行の度合い」が違います。したがって子どもの個性に応じて保育者が進行の速度を調整することになります。その意味からも、保育者が進行する設定保育で使うことが多いでしょう。
適宜	状況によく合わせてという意味です。保育者の判断が決め手になります。判断基準を書くのがよいでしょう。
必要に応じて	「必要」とは、どうしてもしなくてはいけないこと、「応じて」とは、ものごとの変化に合わせて対応することです。つまり保育中にどうしてもしなくてはならないことが起きたら対応するということです。どうしてもしなくてはならないことは何かを見極めないといけません。

～の機会（時間）をもつ	何かをするのに最も都合のよい時期をもつことです。活動によって，最も都合がよい時期はいつか，子どもにとってどのような機会があればよいのか考えてください。
～ようになるまで	いつまで援助をするのかという目安です。たとえば「見守る」といっても，初めから終わりまでなのか，あるいはできるようになるまでなのか，などです。

10 対象に関係するもの

用語	用語の意味
個別に	全体から切り離した一つひとつという意味。その子どもによって異なる援助をするという意味になります。一人ひとりの個性に応じて援助をします。
一人ひとりに	全員が対象ですが，援助は一人ひとりするという意味になります。
全体に	全体に対する一斉の援助であることを示します。しかしこれだけでは全体の範囲があいまいです。クラス全体，学年全体など補うとよいでしょう。
グループに	グループに対しての援助であることを表わします。そのグループは生活グループなのか，係のグループなのかなど，わかりやすく書くとよいでしょう。
A児に	ある特定の配慮すべき子どもに対しての援助であることを表わします。一人ひとりをよく観察して，それぞれへの援助を考えることによってそのクラスだけの指導案になります。

コラム10
幼稚園教育要領，保育所保育指針，幼保連携型認定こども園教育・保育要領の改訂（定）のポイント

　平成29年3月に告示され，平成30年4月から施行された3つの指針・要領の改訂（定）で，とくに指導案に関係の深いポイントは以下の通りです。

①幼稚園・保育所・認定こども園すべての施設が幼児教育を担うことが明確化。
②育みたい3つの資質・能力として，「知識及び技能の基礎」「思考力，判断力，表現力等の基礎」「学びに向かう力，人間性等」を，ねらい及び内容に基づく教育・保育活動全体で育むことが明記。
③保育所，幼保連携型認定こども園では，乳児保育（3つの視点「健やかに伸び伸びと育つ」「身近な人と気持ちが通じ合う」「身近なものと関わり感性が育つ」）と1歳以上3歳未満児の保育に関わるねらい及び内容（5領域）が明記。3歳以上児の教育・保育のねらい及び内容は5領域のまま。
④小学校との円滑な接続を図るため，幼児期の終わりまでに育ってほしい10の姿として，「健康な心と体」「自立心」「協同性」「道徳性・規範意識の芽生え」「社会生活との関わり」「思考力の芽生え」「自然との関わり・生命尊重」「数量や図形，標識や文字などへの関心・感覚」「言葉による伝え合い」「豊かな感性と表現」が明記。
⑤社会に開かれた教育課程として，幼児期にふさわしい生活をどのように展開し，どのような資質・能力を育むようにするのかを教育課程において明確にしながら，社会との連携及び協働によりその実現を図っていくことが強調。
⑥主体的・対話的で深い学び（アクティブ・ラーニング）の実現。
⑦カリキュラム・マネジメントとして，「幼児期の終わりまでに育ってほしい姿」を踏まえ全体的な計画を作成し，実施状況を評価して改善を図っていくこと，実施に必要な人的または物的な体制を確保し改善を図っていくことなどを通して，全体的な計画に基づき組織的かつ計画的に園の教育・保育活動の質の向上を図っていくことが強調。

●●●引用（参考）文献●●●

【第1章】
- 磯部裕子　2003　教育課程の理論　保育におけるカリキュラム・デザイン　pp.78-89.　萌文書林
- 文部科学省　1991　幼稚園教育指導資料第1集　指導計画の作成と保育の展開　pp.19-23, 37-41, 60-79.　フレーベル館
- 德安敦　1991　日の指導計画（日案のいろいろ）　森上史朗・阿部明子（編著）　幼児教育課程・保育計画総論　213-219.　建帛社

【第2章】
- 今井和子　2002　3歳以上児の指導計画　今井和子・鶴田一女・増田まゆみ　保育の計画・作成と展開　pp.98-100.　フレーベル館
- 厚生労働省　2017　保育所保育指針
- 真宮美奈子　2006　指導計画を書いてみよう　谷川裕稔（編著）　保育者のための文章作成ワークブック　104-113.　明治図書
- 文部科学省　1991　幼稚園教育指導資料第1集　指導計画の作成と保育の展開　pp.19-23, 37-41, 60-79.　フレーベル館
- 文部科学省　2017　幼稚園教育要領
- 内閣府・文部科学省・厚生労働省　2017　幼保連携型認定こども園教育・保育要領
- 竹井史（編著）　1997　幼児の自由遊びとその援助　pp.16-20, 50-61.　明治図書
- 植原邦子（編著）　2005　やさしく学べる保育実践ポートフォリオ　ミネルヴァ書房　pp.90-91
- 安典子　1992　環境による保育　森上史朗・大場幸夫・秋山和夫・高野陽（編）　最新保育用語辞典 第2版　pp.91-92.　ミネルヴァ書房
- 小芝隆（富山短期大学幼児教育学科教授）は，心理学の立場から保育における養護と5領域を構造化して子どもの発達をとらえている。

【第3章】
- 今井和子・鶴田一女・増田まゆみ著　2002　改訂新版保育の計画・作成と展開　フレーベル館

【第5章】
- 戸田雅美　2004　保育をデザインする　保育における「計画」を考える（21世紀保育ブックス16）フレーベル館

【第6章】
- 浅田隆夫（編）　1995　幼児の運動あそびの新しい進め方　pp.225-230.　学術図書出版社
- 河邊貴子　2005　遊びを中心とした保育　pp.126-130.　萌文書林

【第7章】
- 藤原義博　2005　保育士のための気になる行動から読み解く子ども支援ガイド　学苑社
- 本郷一夫　2006　保育の場における「気になる」子どもの理解と対応　ブレーン出版
- 水内豊和　2007　保育所・幼稚園の活用とその利用　大沼直樹・吉利宗久（編）　特別支援教育の基礎と動向　223-233.　培風館
- 文部科学省　2018　平成29年度特別支援教育に関する調査の結果について
- 大村政男・高嶋正士・山内 茂・橋本泰子・三宅和夫　1989　KIDS乳幼児発達スケール　（財）発達科学研究教育センター

【第9章】
- 真宮美奈子　2006　指導計画を書いてみよう　谷川裕稔（編著）　保育者のための文章作成ワークブック　104-113.　明治図書

【第10章】
- 厚生労働省　保育所保育指針　2017年度改訂版
- 松村明（監修）　1995　大辞泉　小学館
- 文部科学省　幼稚園教育要領　2017年度改訂版
- 森上史朗・柏女霊峰　2002　保育用語辞典 第2版　ミネルヴァ書房
- 森上史朗・大場幸夫・秋山和夫・高野陽（編）　1992　最新保育用語辞典 第2版　ミネルヴァ書房
- 内閣府・文部科学省・厚生労働省　2017　幼保連携型認定こども園教育・保育要領

おわりに

　本書は，大学・短期大学の実習担当教員と保育現場に深く関わっている教員の力を結集してつくり上げました。指導案を書く初心者にとってわかりにくいところ，つまずきやすいところの実例をあげるところから始まり，ベテラン保育者が公開保育等で指導案作成を行なう場合のポイントにも触れています。少しでも実習生や現場保育者の方の指導案作成の助けとなれば幸いです。

　この本を執筆するにあたって，多大なご示唆をいただき，資料提供していただきました保育現場の園長先生はじめ諸先生方には，深く感謝申し上げます。

　また，最後になりましたが，編集，出版の労をとっていただきました北大路書房の北川芳美氏，中岡良和氏に心より感謝申し上げます。

2008年9月　編者　開　仁志

子どもの笑顔を支える保育者であるために…

執筆者一覧

<編者>
開　仁志（金沢星稜大学人間科学部）

<執筆者>（執筆順）
開　仁志（編者）　はじめに，第1章，第2章，第9章，第10章，コラム1・2・9・10
石動瑞代（富山短期大学幼児教育学科）　第3章，コラム3
松川恵子（仁愛女子短期大学幼児教育学科）　第4章，コラム4
本江理子（富山国際大学子ども育成学部）　第5章，コラム5
石倉卓子（富山国際大学子ども育成学部）　第6章，コラム6
水内豊和（帝京大学文学部心理学科）　第7章，コラム7
岩本靜香（元金城大学社会福祉学部）　第8章1節，3節，4節，6節，コラム8
森田ゆかり（金城大学短期大学部幼児教育学科）　第8章2節，5節，6節

●編者紹介

開　仁志（ひらき・ひとし）

1973年　富山県に生まれる
2005年　富山大学大学院教育学研究科修了　修士（教育学）
　　　　富山県小杉町立小杉小学校教諭，富山大学教育学部附属幼稚園教諭
　　　　富山短期大学幼児教育学科講師，富山国際大学子ども育成学部准教授を経て
現　在　金沢星稜大学人間科学部教授
主　著　『マスゲーム・イベント遊びを楽しもう』（共著）明治図書，1997年
　　　　『おにごっこするものよっといで　オリジナルレシピ40』明治図書，2000年
　　　　『保育内容「表現」』（共著）同文書院，2006年
　　　　『テーマで学ぶ現代の保育』（共著）保育出版社，2006年
　　　　『保幼小連携！　交流ふれあい遊び86選』明治図書，2006年
　　　　『－事例から学ぶ－子どもを育む母親援助の実際』（共著）保育出版社，2007年
　　　　『やる気ひとつで学生が変わる』（共著）富山大学出版会，2007年
　　　　『おもしろく簡潔に学ぶ保育内容総論』（共著）保育出版社，2008年
　　　　『幼稚園教諭はじめの3年間QA事典』（共著）明治図書，2008年
　　　　『児童文化がひらく豊かな保育実践』（共著）保育出版社，2009年
　　　　『乳幼児のための心理学』（共著）保育出版社，2009年
　　　　『子どもの心の育ちと人間関係』（共著）保育出版社，2009年
　　　　『困ったときの子育てQ＆A』（共著）楓工房，2010年
　　　　『子どもの育ちと「ことば」』（共著）保育出版社，2010年
　　　　『保育内容・保育方法総論の理論と活用』（共著）保育出版社，2010年
　　　　『子育ち・子育て支援学』（共著）保育出版社，2011年
　　　　『最新保育原理』（共著）保育出版社，2012年
　　　　『実習日誌の書き方』（編著）一藝社，2012年
　　　　『保育指導案大百科事典』（編著）一藝社，2012年
　　　　『保育・教育課程論』（共著）保育出版社，2012年
　　　　『教育課程論』（共著）一藝社，2013年
　　　　『新版保育者論』（共著）一藝社，2013年
　　　　『保育現場と養成校のコラボレーション！　実習生指導サポートブック』（編著）北大路書房，2013年
　　　　『教職概論』（共著）一藝社，2014年
　　　　『0・1・2歳児の指導計画の立て方』（編著）中央法規出版，2017年
　　　　『3・4・5歳児の指導計画の立て方』（編著）中央法規出版，2017年
　　　　『保育士等キャリアアップ研修テキストマネジメント』（共著）中央法規出版，2018年

これで安心！　保育指導案の書き方
― 実習生・初任者からベテランまで ―

2008年9月20日　初版第1刷発行	定価はカバーに表示
2023年2月20日　初版第17刷発行	してあります。

編著者　開　　仁　志
発行所　㈱北大路書房

〒603-8303　京都市北区紫野十二坊町12-8
電　話　(075)431-0361㈹
ＦＡＸ　(075)431-9393
振　替　01050-4-2083

©2008　　制作／見聞社　　印刷・製本／㈱太洋社
　　　　　イラスト／開仁志・くまだみわ
検印省略　落丁・乱丁本はお取り替えいたします。
ISBN978-4-7628-2621-4　　　　　Printed in Japan

・JCOPY〈㈳出版者著作権管理機構　委託出版物〉
本書の無断複写は著作権法上での例外を除き禁じられています。
複写される場合は，そのつど事前に，㈳出版者著作権管理機構
（電話 03-5244-5088,FAX 03-5244-5089,e-mail: info@jcopy.or.jp）
の許諾を得てください。